UNIVERSITÉ DE POITIERS

FACULTÉ DE DROIT

ÉTUDE

DES

CLASSES INFÉRIEURES

D'APRÈS

LES ASSISES DE JÉRUSALEM

Thèse pour le Doctorat

(SCIENCES JURIDIQUES)

Présentée et soutenue, le Mardi 26 Novembre 1912, à 1 h. 1/2,
dans la salle des Actes publics de la Faculté

PAR

Pierre CHRISTIN

Avocat à la Cour d'Appel

POITIERS

SOCIÉTÉ FRANÇAISE D'IMPRIMERIE ET DE LIBRAIRIE

ANCIENNE LIBRAIRIE LECÈNE, OUDIN ET Cie

6 et 8, rue Henri-Oudin

1912

ÉTUDE DES CLASSES INFÉRIEURES

D'APRÈS

LES ASSISES DE JÉRUSALEM

UNIVERSITÉ DE POITIERS

FACULTÉ DE DROIT

MM. SURVILLE (I. ✪), Doyen, Professeur de Droit civil et chargé d'un Cours de Droit international privé.

DUCROCQ (O. ✱, I. ✪), Doyen honoraire, Professeur honoraire. Professeur honoraire à la Faculté de Droit de Paris. Correspondant de l'Institut.

LE COURTOIS (✱, I. ✪), Doyen honoraire, Professeur honoraire.

ARNAULT DE LA MÉNARDIÈRE (I. ✪), Professeur honoraire.

PARENTEAU-DUBEUGNON (I. ✪), Professeur honoraire.

ARTHUYS (I. ✪), Professeur honoraire.

NORMAND (I. ✪), Professeur de Droit criminel.

BONNET (I. ✪), Professeur de Droit romain, et chargé du Cours d'Eléments du Droit constitutionnel et Garanties des libertés individuelles.

PETIT (I. ✪), Professeur de Droit romain, chargé du Cours de Pandectes et chargé du Cours de Législation et Science financières.

BARRILLEAU (I. ✪), Professeur de Droit administratif et chargé d'un Cours de Droit administratif pour le Doctorat.

PRÉVOT-LEYGONIE (A. ✪), Professeur d'Histoire du Droit public (Doctorat) et de Droit constitutionnel comparé (Doctorat), et chargé des Cours de Principes du Droit public (Doctorat) et de Droit public (Licence).

GIRAULT (✱, I. ✪), Professeur d'Economie politique (Licence), et chargé du Cours de Législation et Economie coloniales.

DUBOIS (I. ✪), Professeur d'Histoire des Doctrines économiques (Doctorat) et chargé du Cours de Législation et Economie rurales, Assesseur du Doyen.

TESTAUD (I. ✪), Professeur d'Histoire générale du Droit français (Licence), et chargé du Cours d'Histoire du Droit français (Doctorat) et du Cours de Législation industrielle.

HUBERT (A. ✪), Professeur de Droit civil (Licence) et chargé d'un Cours d'Eléments du Droit civil (Capacité).

CHÉRON, Agrégé, chargé du Cours de Droit commercial et du Cours de Droit maritime.

BINET, Agrégé, chargé d'un Cours de Droit civil (Licence) et d'un Cours d'Eléments du Droit civil (Capacité).

LESCURE, Agrégé, chargé d'un Cours d'Economie politique (Licence) et du Cours d'Economie politique (Doctorat).

N., chargé des Cours de Droit international public (Licence et Doctorat) et chargé du Cours d'Eléments du Droit public et administratif (Capacité).

N., chargé du Cours de Procédure civile et Voies d'exécution.

COULON (I. ✪), Secrétaire honoraire.

VALEGEAS (I. ✪), Secrétaire.

COMMISSION

Président : M. TESTAUD, professeur.

Suffragants : MM. PETIT, professeur.
BARRILLEAU, professeur.

UNIVERSITÉ DE POITIERS

FACULTÉ DE DROIT

ÉTUDE

DES

CLASSES INFÉRIEURES

D'APRÈS

LES ASSISES DE JÉRUSALEM

Thèse pour le Doctorat

(SCIENCES JURIDIQUES)

Présentée et soutenue le Mardi 26 Novembre 1912, à 1 h. 1/2, dans la salle des Actes publics de la Faculté

PAR

Pierre CHRISTIN

Avocat à la Cour d'Appel

POITIERS

SOCIÉTÉ FRANÇAISE D'IMPRIMERIE ET DE LIBRAIRIE

ANCIENNE LIBRAIRIE LECÈNE, OUDIN ET Cie

6 et 8, rue Henri-Oudin

1912

La Faculté n'entend donner aucune approbation ni improbation aux opinions émises dans les thèses ; ces opinions doivent être considérées comme propres à leurs auteurs.

BIBLIOGRAPHIE

Du Cange. — *Glossarium mediae et infimae latinitatis conditum a Carolo Dufresne Domino du Cange auctum a Monachis Ordinis S. Benedicti cum supplementis integris. D. P. Carpenterii et additamentis Adelungii et aliorum. Digessit G. A. L. Henschel,* Parisiis. Excudebant Firmin Didot fratres Instituti Regii Franciae Typographi, 1840-1850, 6 vol. in-4°.

Godefroy. — *Dictionnaire de l'Ancienne Langue Française et de tous ses Dialectes du IXe au XVe siècle,* Paris, F. Vievveg, libraire-éditeur, 67, rue Richelieu, 10 vol., 1880-1902.

La Curne de Sainte-Palaye. — *Dictionnaire historique de l'ancien langage français ou Glossaire de la langue française depuis son origine jusqu'au siècle de Louis XIV,* 10 vol., 1875-1882.

Ragueau et Eusèbe de Laurière. — *Glossaire du Droit français,* Niort, 1882.

Beugnot. — *Assises de Jérusalem,* t. I et II, Paris, 1841.

Canciani. — *Barbarorum leges antiquae,* 1781, 5 tomes, 3 vol.

Kügler (B.). — *Geschichte der Kreuzzüge,* Berlin, 1880, in-8°.

Sybel. — *Geschichte des ersten Kreuzzugs,* Leipzig, 1881.

Sathas. — *Traduction grecque des Assises de Jérusalem.* — Bibliotheca graeca medii aevi, t. VI, p. 1877.

Allard (Paul). — *Esclaves, serfs et mainmortables,* Paris, 1894.

Beaune (Henri). — *Droit Coutumier français : de la Condition des personnes,* Delhomme et Briguet, éditeurs.

Beugnot. — *Notice sur la vie et les écrits de Philippe de Novarre,* dans *Bibliothèque de l'Ecole des Chartes,* t. II, 1840 1841.

Brissaud. — *Cours d'Histoire Générale du Droit Français public et privé,* 2 vol. in-8°, Paris, Fontemoing, 1904.

Chassant. — *Nobles et vilains du temps passé,* Paris, 1857.

Chéruel. — *Dictionnaire historique des Institutions, Mœurs et Coutumes de la France*, Paris, 1855, spécialement aux mots *Assises* et *Lois*.

Deraze. — *Le mariage d'après les Assises de Jérusalem*, Thèse, Poitiers, 1910.

Dodu (G.). — *Histoire des Institutions monarchiques dans le royaume latin de Jérusalem*, 1099-1291, Paris, Hachette, 1894, 1 vol. in-8°.

Doniol. — *Histoire des classes rurales en France*, Paris, Guillaumin, 1857, in-8°.

Esmein. — *Cours élémentaire d'Histoire du Droit Français*, Paris, 1906, Larose et Tenin, 1 vol. in-8°.

Flach (J.). — *Les Origines de l'Ancienne France aux Xe et XIe siècles*, 3 vol., spécialement t. I (1886) et t. II (1893).

Fleury (Claude). — *Institutions au Droit Français*, Paris, 1858, 2 vol., spécialement t. I.

Fustel de Coulanges. — *Histoire des Institutions politiques de l'Ancienne France*, 6 vol., Paris, Hachette, 1888-1892. — Ouvrage revu et complété sur le manuscrit et d'après les notes de l'auteur par CAMILLE JULLIAN.

Garreau (L.). — *L'Etat social de la France au temps des Croisades*, in-8°, Plon-Nourrit.

Gibbon (Edouard). — *Histoire de la décadence et de la chute de l'Empire romain*, 2 vol., Paris, 1835.

Ginoulhiac. — *Cours élémentaire d'Histoire Générale du Droit Français public et privé*, Paris, 1890, in-8°.

Giraud (Ch.). — *Essai sur l'Histoire du Droit Français au Moyen Age*, 2 vol., Paris, 1846, plus spécialement t. I. — *Du Droit français dans l'Orient au Moyen Age et de la traduction grecque des Assises de Jérusalem.* — *Notice lue à l'Académie des Sciences morales et politiques, le 12 novembre 1842 : Séances et travaux de l'Académie*, t. II. — Année 1842, p. 261-284 : *Revue de Législation et de Jurisprudence*, t. XVII : janvier-juin 1843, p. 22 et suiv.

Glasson. — *Histoire du Droit et des Institutions de la France*, 8 vol., 1887-1903, spécialement t. IV, p. 243 et suiv., et t. VII, p. 29 et suiv.

Guétat (J.-Edouard). — *Histoire élémentaire du Droit Français depuis ses origines Gauloises jusqu'à la rédaction de nos Codes Modernes*, Paris, 1884, Larose et Porcel, in-8°.

Guizot. — *Histoire de la Civilisation en France depuis la chute de l'Empire Romain*, 4 vol., Paris, 1846, spécialement t. IV, 8e et 16e leçons.

Kœnigswarter (**Louis-J.**). — *Histoire de l'organisation de la Famille en France*, Paris, 1851.

Laferrière. — *Histoire du Droit Civil de Rome et du Droit Français*, 6 vol. in-8°, plus spécialement t. IV, 1852 1853.

Lehuérou. — *Histoire des Institutions Mérovingiennes et du Gouvernement des Mérovingiens*, t. I, Paris, 1843. — *Histoire des Institutions Carolingiennes et du Gouvernement des Carolingiens*, t. II, Paris, 1843.

Loysel. — *Institutes coutumières*, édition Dupin et Laboulaye, Paris, Durand, 1846, in-12.

Luchaire. — *Histoire des Institutions Monarchiques de la France sous les premiers Capétiens*, 2 vol. in-8°, Paris, 1883, spécialement t. II.

Machéras (**Léonce**). — *Chronique de Chypre. Traduction française, par E Miller et Sathas*, Paris, 1882, 2 vol. in-8°, spécialement t. II, au début dudit tome.

Marque (**Robert**). — *Les Successions Testamentaires d'après les Assises de Jérusalem*, thèse, Poitiers, 1912.

Mas Latrie (**de**). — *Histoire de l'île de Chypre sous les princes de la maison de Lusignan*, Paris, 1852-1861.

Michaud. — *Histoire des Croisades*, Paris, 1841, 6 vol. in-8°, 6e édition.

Miller. — Article dans *Journal des Savants*, juillet 1877, p. 393 et suiv. — Bibliotheca graeca medii aevi, vol. VI « 'Ασίζαι τοῦ βασιλείου" τῶν Ἱεροσολύμων καὶ τῆς Κύπρου, Κυπριακοι νόμοι, Βυζαντινὰ συμβόλαια, Κρητικαὶ διαθῆκαι. » K. N. Sathas, Venise, 1877, in-8° de cxvi (ρις)-693 pages. — *Assises d'Antioche reproduites en français et publiées au 6e centenaire de la mort de Sempad le Connétable, leur ancien traducteur arménien, dédiées à l'Académie des Inscriptions et Belles-Lettres de France par la Société Mékhitariste de Saint-Lazare*, Venise, Imprimerie arménienne, 1876, in-4°, p. 23 93.

Minier. — *Précis historique du Droit Français*, Paris, 1854.

Monnier (**Fr.**). — *G. de Bouillon et les Assises de Jérusalem*, Paris, 1873 et 1874. — *Extraits des comptes rendus de l'Académie des Sciences Morales*, année 1873, t. II, p. 73 et suiv., et p. 663 et suiv. ; année 1874, t. I, p. 44 et suiv.

Mortreuil. — *Histoire du Droit Byzantin ou du Droit Romain en Orient*, 3 vol. in-8°, 1843-1846, plus spécialement t. III.

Paris (**Gaston**). — *Philippe de Novarre :* dans *Romania*, année 1890, t. XIX, p. 99-102.

Paris (**Paulin**). — *Assises de Jérusalem ou Recueil des ouvrages de jurisprudence composés, pendant le XIIIe siècle, dans les* *royaumes de Jérusalem et de Chypre*, t. I ; *Assises de la Haute Cour*. — Article dans le *Journal des Savants*, mai 1841, p. 291 et suiv.

Pardessus (**J.-M.**). — *Collection des Lois maritimes antérieures au XVIII*e *siècle*, 6 vol. in-4o, Paris, 1828-1845, spécialement t. Ier, p. 261 et suiv. ; t. VI, p. 485 et suiv.

Perreciot. — *De l'état civil des personnes et de la condition des terres dans les Gaules*, 3 vol. in-8o, Paris, 1845, spécialement t. I et II.

Petit (**E.**). — *Traité de Droit Romain*, Paris, 1909, 6e édition.

Rey (**E.-G.**). — *Recherches géographiques et historiques sur la domination des Latins en Orient*, Paris, 1877.

Salmon. — *Philippe de Beaumanoir : Coutumes de Beauvaisis*, Picard, Paris 1900, 2 vol.

Tardif. — *Etudes sur les Institutions politiques et administratives de la France ; Période Mérovingienne*, Paris, 1881.

Taillandier. — *Dissertation sur les Assises de Jérusalem dans Thémis*, t. VII, Paris, 1825, et t. IX, Paris, 1829 ; t. VII, p. 505 et suivantes, et t. IX, supplément à la *Dissertation sur les Assises de Jérusalem*, p. 353 et suivantes.

Viollet. — *Histoire du Droit Civil Français*, 3e édition du *Précis de l'Histoire du Droit Français*, Paris, Larose, 1905.

Wailly (**Natalis de**). — *Geoffroi de Villehardouin, Conquête de Constantinople, par M. de Wailly, membre de l'Institut*, Paris, Firmin Didot, 1874.

Wallon. — *Histoire de l'esclavage dans l'antiquité*, Paris, 1847, 5 vol.

Witt (**Mme de**) **née Guizot**. — *Saint Louis et les Croisades*. Hachette, Paris, 1895.

Wolowski. — *De l'organisation industrielle de la France. Revue de Législation et de Jurisprudence*, janvier-juin 1843, p. 275.

INTRODUCTION

A) Les Croisades. — Leurs Causes.

La fin du XIe siècle fut agitée par un mouvement grandiose, qui transporta en Orient des peuples de toutes les nationalités, et qui continua du reste pendant de nombreuses années, jusqu'en 1291 (chute de Ptolemaïs). Parmi ces peuples qui prirent part à ce grand événement de la première Croisade, nous pouvons affirmer que les Français, les Francs, furent au premier rang et que ce mouvement fut bien français.

C'est un pèlerin français, Pierre l'Ermite, qui la prêcha. C'est en France, au Concile de Clermont, qu'elle fut résolue. Un Prince dont le nom est resté français, *Godefroy de Bouillon,* l'a commandée. Les Orientaux ont donné à tous les Européens le nom de Francs.

Les faits historiques, l'histoire de la Terre Sainte, se lient étroitement aux faits, aux sentiments, aux vicissitudes de notre Patrie.

Enfin parmi les Historiens des Croisades, les plus

illustres sont des Français [1]. D'où nous affirmerons que, bien qu'écrites pour le royaume de Jérusalem et appliquées dans tous les royaumes chrétiens d'Orient, les *Assises de Jérusalem* n'en sont pas moins un monument Français [2].

Nous disions que ce fut au Concile de Clermont que la première Croisade fut résolue ; mais il faut aussi rechercher quelles en étaient les causes [3].

Ce fut surtout un *mouvement religieux*, qui se produisit à l'appel de Pierre l'Ermite pour une guerre d'extermination contre la puissance mahométane. Aux yeux de la foule, on fit briller l'image du tombeau du Fils de Dieu à délivrer et à purifier ; aux cris répétés de « Dieu le veut » et avec une croix pour insigne, les Croisés jurèrent de conquérir Jérusalem.

Auprès de la cause religieuse, il y a aussi une *cause politique*. Pendant plusieurs siècles la Féodalité, que les passions belliqueuses caractérisaient, fut satisfaite par les luttes acharnées qui accompagnèrent la naissance de ce régime. Puis, quand les principes féodaux furent établis, une sorte de trêve exista parmi les peuples de l'Europe. Seules les guerres privées alimentaient les combats. Aussi, au XIe siècle, les Français, après l'expédition des Normands en

1. Mme de Witt (cf. bibliographie), p. 1.
2. Glasson, t. IV, p. 252.
3. Geoffroi de Ville Hardouin, *Conquête de Constantinople* (cf. bibliographie).

Sicile, des Bourguignons en Portugal et la conquête de l'Angleterre, clôturèrent-ils cette série d'expéditions lointaines par la conquête de la Terre Sainte [1].

Pourtant, à l'enthousiasme de la première Croisade, on pourrait opposer l'insouciance de la royauté en la personne du Roi Philippe Ier, qui personnellement n'y prit aucune part, et on pourrait lire, à ce sujet, l'intéressante page de Mme de Witt [2]. Mais l'impopularité de ce Prince, qui régna de 1060 à 1108, n'empêcha pas ce grand mouvement de s'accomplir, provoqué par les deux causes que nous venons d'étudier.

A ces deux causes, nous croyons devoir en ajouter une troisième, dite *cause sociale*. Si nous nous en rapportons à un de nos principaux Historiens des Croisades, Michaud, en France et dans la plupart des royaumes d'Occident sévissait une disette terrible et le peuple gémissait sous une dure servitude [3]. « Des villages, des villes même restaient sans habitant et tombaient en ruines. Les peuples abandonnèrent sans regret une terre qui ne pouvait plus les nourrir et ne leur offrait ni repos ni sécurité : l'étendard de la Croix leur parut un sûr asile contre la misère et l'oppression. D'après les décrets du Concile de Clermont, les Croisés se trouvaient affran-

1. Cf. *Introduction*, Beugnot, *Assises de la Haute Cour*, p. 11.

2. Mme de Witt née Guizot, p. 2, *Saint Louis et les Croisades*.

3. Michaud, *Histoire des Croisades*, t. I, p. 82.

chis d'impôts, ils ne pouvaient être poursuivis pour dettes pendant leur voyage... »

B) Origine des Assises de Jérusalem.

Le résultat de la première Croisade fut inespéré; l'armée latine, après avoir éprouvé des maux terribles pendant sa marche interminable, subi de nombreux échecs, à la suite d'un magnifique effort, entra victorieuse à Jérusalem, le *22 juillet 1099*. La Ville Sainte était prise, mais il restait une grande œuvre à accomplir; établir sur des bases solides ce nouveau royaume, le gouverner, lui donner des lois. C'est à cette tâche que s'adonna Godefroy de Bouillon, dont la bravoure ne cédait en rien à la sagesse [1]. Dans ce but, les principaux chefs se réunirent et offrirent à Godefroy le titre de Roi, qu'il refusa du reste, pour se contenter de celui de défenseur et de baron du Saint-Sépulcre. « Quoi qu'il en soit, nous dit Michaud, Godefroy mérita par ses vertus le titre de Roi, que l'Histoire lui a donné et qui lui convenait mieux, sans doute, que le titre de royaume ne convenait à ses faibles Etats [2]. »

Le choix fait par les principaux chefs de l'armée était donc excellent, et celui que l'on appelle même le « bon Godefroy » [3] tout désigné pour cet honneur.

1. Michaud, *loc. cit.*, t. I, p. 119, *in fine*.
2. *Id.*, *ibid.*, p. 355.
3. Machéras, *Chronique de Chypre*, p. 13.

Il le prouva en réalisant immédiatement son projet de constituer et d'agrandir le royaume de Jérusalem, de pourvoir à la défense des établissements chrétiens d'Orient, d'organiser un gouvernement et de lui donner des lois.

Un autre que Godefroy de Bouillon eût reculé devant une pareille tâche, mais ce prince courageux et sage eut vite pris une décision. Il va en effet, d'après le conseil du patriarche de Jérusalem, des princes, des barons et des chefs de l'armée, charger quelques hommes instruits et expérimentés d'interroger les Croisés des diverses contrées de l'Europe sur les usages et les coutumes de leurs pays. N'était-ce pas là le devoir de celui auquel on avait offert le titre de Roi, et ces dispositions ne semblent-elles pas naturelles, en présence d'une armée appartenant à des pays différents ?

Les hommes choisis sur la base que nous venons de préciser consignèrent leurs recherches dans une sorte de livre qui fut remis à Godefroy de Bouillon. Ce dernier présenta cet ensemble d'usages et de coutumes au patriarche, aux barons, aux princes, aux chefs de l'armée, et d'après leurs avis et celui de Godefroy de Bouillon, il ne fut conservé qu'une certaine quantité de ces usages et de ces coutumes, les meilleures, celles qui répondaient le mieux à la situation de ces peuples, transférés dans ce royaume nouvellement conquis [1].

1. On formait ainsi une sorte de conseil comme il s'en tint

Ces lois comprenaient deux codes, *celui des Nobles et celui des Bourgeois*. Chaque assise ou loi était écrite en lettres majuscules. La première lettre de chaque loi était enluminée d'or, et les codes étaient signés du roi, du patriarche et du vicomte de Jérusalem.

Ces recueils furent nommés *Lettres du Sépulcre* [1], car ils avaient été déposés dans un coffre et placés dans le trésor de l'Église du Saint-Sépulcre, lieu le plus vénéré de Jérusalem.

Pour en prendre connaissance, il fallait remplir des formalités sévères et même très compliquées [2]. Ils ne pouvaient être ouverts qu'en présence de neuf personnes, du roi ou d'un des grands officiers de la couronne, de deux hommes liges du roi, du patriarche ou du prieur du Saint-Sépulcre, de deux chanoines, du vicomte de Jérusalem et de deux jurés.

Ces recueils de lois furent complétés : Jean d'Ibelin (ch. III) nous certifie que ces Assises furent amendées par Godefroy de Bouillon et par ses successeurs : Beaudouin Ier et Amaury Ier. Il ajoute que, pour y parvenir, il fallait prendre conseil du patriarche de Jérusalem, des barons et des

beaucoup au cours des premières Croisades. Cf. Geoffroi de Villehardouin, *Conquête de Constantinople*, p. 463 (voir bibliographie).

1. Pour tous ces détails, cf. *Introduction* de Beugnot aux t. I et II : t. I, p 14 et 15; t. II, p. 15.

2. *Livre de Jean d'Ibelin*, ch. IV, p. 26 des Assises.

hommes les plus éclairés que l'on trouvait. Philippe de Novarre (ch. LXXI) est également très précis sur ce point.

Remarquons donc le premier sens du mot Assise, appliqué aux recueils de lois, dont nous venons de parler et à leurs modifications [1].

Cependant cette loi écrite dont nous attribuons la genèse à la sagesse et à l'expérience de Godefroy de Bouillon a été très discutée. Brissaud [2] conteste le fait, en vertu duquel ce serait Godefroy de Bouillon qui aurait ordonné une enquête sur les lois usitées dans le pays des Latins, d'où la création d'une sorte de code officiel. D'après lui, cette codification à la fin du XIe siècle serait un fait isolé et inadmissible.

Dodu [3] déclare que l'existence de ce code est problématique et qu'il n'a existé que dans l'imagination des hommes.

Pour P. Paris (*Journal des Savants*, année 1841, pp. 302 et suiv.) [4], Godefroy de Bouillon a tout d'abord fait écrire un *Livre des fiefs ou des Jours d'Assises*. Les noms des feudataires de la principauté de Jérusalem y auraient été indiqués, ainsi que les limites de chaque fief et les conditions du service militaire. C'est, d'après ce même auteur, ce registre auquel on donna le nom de *Lettres du Sépulcre*. Il

1. Dodu (cf. bibliographie), p. 36-61.
2. *Histoire du Droit*, p. 273.
3. Dodu, *op. cit.*, p. 36 à 61.
4. Cf. bibliographie.

fut la base des *Assises de la Haute Cour*, et même confondu avec elles. De plus, les jugements rendus sur les premières difficultés nées de l'exécution des articles du partage furent promulgués aussi solennellement que les *Lettres du Sépulcre;* mais ils ne purent former un recueil de lois. Les vraies *Assises de Jérusalem* n'étaient donc que l'ensemble des jugements de la Haute Cour et de la Cour des Bourgeois.

Malgré ces auteurs nous admettons l'existence de ces sortes de codes, et nous disons qu'ils furent constitués par les soins de Godefroy de Bouillon [1]. Beugnot admet également que la rédaction des premières Assises est l'œuvre de Godefroy de Bouillon et de ses successeurs [2].

Terminons en exprimant notre opinion définitive sur ce point. Si nous lisons le chapitre Ier du *Livre de Jean d'Ibelin*, dont nous admettons le récit, celui-ci affirme que Godefroy de Bouillon chargea quelques « sages hommes à enquerré et à saveir des gens des diverses terres qui là étaient les usages de lors terres... » Ils obéirent, « mirent et firent mettre en écrit et aportèrent cet escrit devant le duc Godefroy... » qui, comme nous l'avons déjà dit, rassembla certains personnages pour leur montrer et leur faire lire cet écrit. Puis d'après leurs conseils

1. Ch. Giraud (cf. bibliographie), t. I, p. 269.
2. Cf. Introduction, t. I et II, et spécialement t. II, p. 10 et suiv.

« il concuillit de ciaus escris ce que bon li sembla et en fist assises et usages... » Quelle est donc l'œuvre exacte de Godefroy de Bouillon sur ce point? Par ses soins, d'après ses ordres, sous sa direction, il reçut un écrit, le soumit à certaines personnes, et sur l'avis de ce conseil il adopta les usages qui convenaient le mieux à son royaume [1]. Cette élimination opérée, il resta un recueil de lois que l'on conserva, ce furent les *Lettres du Sépulcre*. C'est cette thèse que nous croyons devoir adopter. Nous ne disons pas que Godefroy de Bouillon fut le rédacteur officiel de ces lois, mais nous croyons pouvoir affirmer qu'elles ont été rédigées par ses soins et par son initiative personnelle.

C) Haute Cour et Cour des Bourgeois.

Avant d'étudier ce que vont devenir les *Lettres du Sépulcre* et pour continuer l'examen de l'œuvre de Godefroy de Bouillon, il nous reste à rechercher l'origine de la *Haute Cour et de la Cour des Bourgeois*, qui est attribuée du reste à ce prince. Il faut remarquer tout d'abord l'opposition qui existe entre ces deux cours, l'une réservée aux nobles, l'autre aux non-nobles ; à tous ceux qui appartiennent aux classes inférieures, désignées par l'expression très

1. Pardessus (cf. bibliographie), p. 262 et suiv. — Laferrière, t. IV, p. 244 et 245. — Cf. aussi *Thèse Deraze*, p. 13 et 14. — *Assises de la Haute Cour*, ch. CCLXXIII, *Livre de Jean d'Ibelin*.

générale, et peut-être même très vague, de Bourgeois.

Ceci posé, recherchons par qui furent créées ces deux Cours ?

Un premier point n'est pas contesté. Tous les auteurs affirment que la Haute Cour fut l'œuvre de Godefroy de Bouillon. Elle était à la fois conseil de gouvernement et cour de justice. En principe, elle était présidée par le roi et en son absence par un des grands officiers de la couronne : tous les vassaux liges du royaume pouvaient y siéger [1].

S'il ne s'élève pas de discussion au sujet de la Haute Cour, on émet certains doutes sur l'opinion fort admissible, qui attribue à Godefroy de Bouillon le mérite d'être aussi le créateur de la Cour aux Bourgeois. Celle-ci était présidée par le vicomte et les jurés au nombre de douze, lesquels étaient des bourgeois. Ces cours de Bourgeoisies étaient très nombreuses, et d'Ibelin de son temps en comptait trente-sept [2]. Toutefois certains auteurs n'attribuent pas à Godefroy de Bouillon la paternité, pourrions-nous dire, de cette juridiction pour trois raisons principales. Il serait impossible pour eux que Godefroy de Bouillon fût le fondateur de la Cour des Bourgeois, car, au moment du triomphe de la pre-

1. Pour tous ces détails et ceux qui suivent, cf. *Introduction des Assises de la Haute Cour et de la Cour des Bourgeois*, t. I et II : t. I, p. 16 et suiv. ; t. II, p. 7 et suiv.

2. *Livre de Jean d'Ibelin*, ch. CCLXX. — Glasson, t. IV, p. 243.

mière Croisade, la classe bourgeoise, qui n'existait qu'à l'état embryonnaire en France, ne pouvait être plus développée dans le nouveau royaume des Chrétiens. De plus le mouvement d'émancipation bourgeoise, d'affranchissement des communes, n'existait pas à la fin du XIe siècle ni au début du XIIe.

Ils opposaient, en troisième lieu, qu'il n'y avait en France aucune Cour de Bourgeois, dont Godefroy de Bouillon aurait pu se servir comme modèle.

Il nous est facile de répondre à ces objections. Il est incontestable que les Bourgeois existaient en France dès le Xe siècle. Il est aussi tout naturel que Godefroy de Bouillon, ayant établi la Haute Cour, ait créé corrélativement une Cour des Bourgeois ; une « Basse Cour », comme on la désignait aussi, pour tous les non-nobles que l'on faisait rentrer dans la désignation de bourgeois. Malgré la généralité de cette expression, les vrais Bourgeois, ceux qui habitaient les villes, existaient en France sous ce nom depuis plusieurs siècles déjà. En conséquence, on peut affirmer que Godefroy de Bouillon est le fondateur de la Cour aux Bourgeois, sans prétendre qu'il fût influencé par le mouvement d'émancipation communale. Celui-ci n'a eu lieu, en effet, que plusieurs siècles après l'apparition de la classe bourgeoise en France.

Il est encore aisé de réfuter la troisième objection, consistant à dire qu'il n'y avait en France aucune Cour de Bourgeois sur laquelle Godefroy de Bouillon eût pu se baser. Nous trouvons au contraire l'énumération d'Assemblées de Bourgeois, qui existaient en France au xᵉ et au xiᵉ siècle [1]. En 968 des jugements sont rendus par les échevins d'Arles. A la fin du xiᵉ siècle, avant la première Croisade, à Aigues-Mortes, existait une juridiction des consuls et des jurés. A Reims, on trouvait une cour d'échevinage qui était une cour de bourgeois. A Paris on avait le « parlouër aux Bourgeois ».

Beaucoup d'auteurs du reste, entre autres Ginoulhiac [2], Laferrière [3], Michaud [4], Gibbon [5], Pardessus [6], se rangent à notre opinion, ainsi que Beugnot lui-même [7].

Enfin Jean d'Ibelin affirme que Godefroy de Bouillon établit deux Cours, l'une la Haute Cour et « l'autre la Court de la Borgesie, à laquel il establi un home en son leuc à estre gouverneor et justisier, le quel est appelé visconte. Et establi à estre juges... et de la Court de la Borgésie, borgeis de la dite cité, des plus loiaus et des plus sages que en la cité fucent... [8] » L'auteur de la *Clef des Assises*, dans son prologue, affirme aussi que Godefroy de Bouil-

1. Laferrière, *Histoire du Droit*, t. IV, p. 526.
2. *Histoire du Droit français*, p. 405 et suiv.
3. *Histoire du Droit*, t. IV, p. 477.
4. T. II, p. 9, note 1.
5. Gibbon, t. II, p. 673 (cf. bibliographie).
6. *Op. cit.*, p. 262.
7. Cf. Introduction des t. I et II : t. I, p. 16 et suiv. : t. II, p. 7 suiv. et *Livre de Jean d'Ibelin*, ch. II, notes *b* et *c*.
8. *Livre de Jean d'Ibelin*, ch. II, p. 25, *Assises Haute Cour*.

lon, après avoir établi la Haute Cour, fonda aussi celle des Bourgeois. Ce sera donc, en définitive, cette opinion que nous admettrons.

Certains peuples échappaient toutefois aux lois officielles des Latins. Parmi eux les Syriens eurent des tribunaux spéciaux, jugeant selon leurs lois propres, composés des principaux de leur nation, et présidés par un reïs remplissant le rôle du vicomte de la Cour des Bourgeois.

De plus, les peuples commerçants comme les Génois, les Vénitiens, avaient une juridiction spéciale composée de nationaux.

Il existait aussi deux tribunaux ayant des attributions particulières : la Cour de la Fonde, composée de deux Francs et de quatre Syriens, qui était chargée des affaires commerciales. Elle finit par remplacer pour les affaires civiles de peu d'importance la cour du reïs, et comme les *Assises de la Cour aux Bourgeois* étaient la loi que la Cour de la Fonde devait appliquer, les Syriens perdirent progressivement leur juridiction et leurs lois nationales.

A un autre point de vue, celui des contestations maritimes, on rencontrait une cour spéciale, celle de la Chaîne [1].

Il existait, en outre, des cours seigneuriales que l'on trouvait à côté de la Haute Cour et de la Cour des Bourgeois. On rencontrait en effet dans

1. Ginoulhiac, *op. cit.*, p. 414 et suiv.

les fiefs relevant de la principauté de Jérusalem, des cours seigneuriales. Certains vassaux avaient le droit de rendre la justice, ou comme on disait : « cour, coings et justice ». Ces justiciers la rendaient à leurs vassaux conformément aux lois et aux usages de la Haute Cour.

Le roi pouvait venir présider ces cours, et amener avec lui quelques-uns de ses hommes liges [1].

D) Disparition des Lettres du Sépulcre. — Des véritables Assises de Jérusalem.

Nous avons examiné comment et par qui fut créé le recueil connu sous le nom de *Lettres du Sépulcre*. Il reste à nous demander quel va en être le sort.

Le 2 octobre 1187, Jérusalem tomba entre les mains de Saladin. Ce fait fit disparaître le commencement de codification qui formait la législation écrite du royaume de Jérusalem : à la suite de cet événement, ces codes qui avaient été déposés dans le Trésor du Saint-Sépulcre ne furent plus retrouvés. Nous savons bien que des auteurs contestent l'existence de ce code et disent qu'il n'a pas eu besoin d'être détruit puisqu'il n'a pas existé, mais nous avons défendu et admis l'opinion opposée. Ecoutons ce que disaient les vieux jurisconsultes sur ce point, et leurs affirmations viennent encore à l'appui de la

1. Cf. Introduction, *Haute Cour*, p. 17.

thèse que nous avons soutenue. Philippe de Novarre (*Assises de la Haute Cour*, ch. XLVII, *Livre de Philippe de Novarre*, p. 522) écrit : « Et tout ce fu perdu quant Saladin prist Jerusalem, ne onques puis n'i ost escrite assise ne us ne costume ». Il ajoute : « Tout ce ais-je oi retraire à plusours qui ce virent et sorent ains que la lettre fust perdue, et as plusors autres qui bien le savoient... » D'Ibelin affirme (*Assises de la Haute Cour*, ch. CCLXXIII, *Livre de Jean d'Ibelin*) : « Et après la terre perdue, fu tot perdu [1] »... Ces expressions, venant à la suite de la première de nos citations, ne peuvent pas, selon nous, être plus explicites sur ce sujet.

Il est certain, en tout cas, que les formalités prescrites pour consulter ces *Lettres du Sépulcre* étaient trop rigoureuses. Aussi la Haute Cour et celle des Bourgeois finirent-elles par créer une jurisprudence qui se plaça au-dessus de l'ancienne loi écrite, surtout d'une loi si difficile à connaître. Il se forma ainsi une sorte de jurisprudence qui, après la disparition des *Lettres du Sépulcre*, permit d'y suppléer. Les jurisconsultes furent donc amenés à donner des Assises la définition suivante. « Assise est que toutes les choses que l'on a veu user et accoustumer et delivrer en la court dou royaume de Jerusalem et de Chipre [2]. » C'était donner la toute-puissance aux

1. Cf. Gibbon, *op. cit.*, p. 36 à 61 et Introduction aux t. I et II des Assises, t. I, p. 24; t. II, p. 11.

2. Cf. *Assises Haute Cour et Cour des Bourgeois*, Introduction,

juridictions ; aussi des jurisconsultes songèrent-ils à rédiger les règles de droit observées par ces Cours. Quelques-uns de ces recueils nous sont parvenus : ce sont eux que l'on désigne sous le nom d'*Assises de Jérusalem* [1]. Nous étudierons ces textes et nous dirons quelques mots des jurisconsultes qui les ont rédigés.

E) Manuscrits et Editions des Assises.

En 1490, l'île de Chypre tomba au pouvoir de la République de Venise, et le Conseil des Dix ordonna de faire traduire en italien les meilleurs textes des *Livres de la Haute Cour et de la Cour aux Bourgeois*, car jusqu'alors la langue française était seule usitée devant les tribunaux. On se servit de deux manuscrits, l'un du XIVe siècle pour la Cour des Barons, l'autre du XVe siècle pour celle des Bourgeois. Ils furent déposés dans les archives du Conseil à Venise et imprimés en italien en 1535.

A la Bibliothèque Nationale de Paris nous avons deux copies de ces manuscrits, l'une datant de 1790, l'autre transcrite entre 1790 et 1828, alors que l'on avait perdu la première copie.

A Munich se trouve un manuscrit du début du

t. I, p. 29, et t. II, p. 13, et *Clef des Assises* (*Haute Cour*), ch. XLI, p. 582.

1. Glasson, t, IV, p. 244 et suiv.

XIVe siècle, mais il ne renferme que les *Assises de la Cour des Bourgeois*.

A Rome, Bibliothèque du Vatican, il existe un manuscrit défectueux du XIVe siècle, et à Paris nous possédons deux manuscrits du XIVe siècle et quelques autres moins importants du XVIe siècle.

Parmi les auteurs qui se sont intéressés à la publication des Assises, le premier qui les nomme est *René Chopin*. Il les cite textuellement dans son traité *de Legibus Andium municipalibus* (sur les Coutumes de l'Anjou), qui parut en l'année 1611.

Le *P. Philippe Labbe* conçut plus tard le projet de publier les Assises et annonça cette publication dans *l'Abrégé royal de l'alliance chronologique de l'Histoire sacrée et profane avec le Lignage d'Outre-mer, les Assises de Jérusalem et un recueil historique des pièces anciennes* (Paris, 1651, 2 volumes in-4°). Cependant, malgré son désir, il ne put que publier le *Lignage d'Outre-mer*, qui se trouve joint à plusieurs manuscrits des Assises [1].

Un peu plus tard, *Du Cange*, en composant son *Glossaire de la moyenne et de la basse latinité*, introduisit les *Assises de Jérusalem* dans le domaine de l'érudition. Il se servit du texte de ces lois pour expliquer des usages méconnus, des coutumes mal comprises, des mots inintelligibles.

1. Cf. pour tous les développements précédents et ceux qui suivent l'Introduction de Beugnot, *Assises de la Haute Cour* (spécialement p. 77 et suiv.).

En 1690, *La Thaumassière* fit imprimer à Bourges et publier à Paris le texte français des *Assises de Jérusalem* : *Assises et bons usages du royaume de Jérusalem. par Messire Jean d'Ibelin, comte de Japhe et d'Ascalon, seigneur de Rames et de Baruth.* Mais cette édition est incorrecte et incomplète.

Un savant magistrat du XVIIIe siècle, *Agier*, qui fut président de la Cour Royale de Paris, conçut le projet d'une édition complète des Assises. Il se servit de la traduction italienne des manuscrits de la Bibliothèque royale, et il acquit la certitude que le seul manuscrit pouvant servir à donner une bonne édition des Assises était à Venise dans les archives du Conseil des Dix ou dans la Bibliothèque de Saint-Marc. Il écrivit, le 7 juillet 1788, au P. Canciani, qui venait de publier le deuxième volume de sa *Collection des lois des Barbares*, dans lequel se trouve la réimpression du texte italien des *Assises de la Cour des Bourgeois* [1], pour le consulter sur le sort du manuscrit français. Le P. Canciani répondit qu'il était à la bibliothèque de Saint-Marc, et l'abbé Morelli, custode de cette Bibliothèque, le lui confirma en lui disant même qu'il y avait deux manuscrits, l'un de la Haute Cour, l'autre de la Cour Basse. Agier s'adressa au gouvernement français pour en obtenir la communication. Le comte de Montmorin, secrétaire d'Etat au département des

1. 1er volume, t. II, p. 479.

Affaires étrangères, s'en chargea le 10 mars 1789. Mais le Sénat de Venise n'en autorisa pas le déplacement, et le 9 mai il répondit que la République offrait au Roi une copie des deux Assises. Le 16 février 1791 le dépôt des deux manuscrits à la Bibliothèque royale est constaté par une lettre de M. d'Ormesson, bibliothécaire du Roi Louis XVI.

Pendant la Révolution, la copie du manuscrit de Venise fut dérobée et transportée à Vienne. Sous la Restauration le gouvernement Français en demanda la communication au gouvernement Autrichien et l'obtint. On s'aperçut alors de la soustraction de la copie donnée antérieurement à Louis XVI par la République de Venise : une personne offrant de la restituer, on crut bon de la racheter, et le 10 mars 1828 le manuscrit fut réintégré dans la Bibliothèque royale [1].

En 1839 fut édité le livre des *Assises de la Cour des Bourgeois* par *Kausler*, archiviste à Stuttgart, qui se servit de deux manuscrits, celui de Munich rapproché de celui de Venise, et du même texte édité par V. Foucher d'après le manuscrit de Venise.

Enfin, en 1841, le *comte Beugnot* publia son édition si renommée des *Assises de Jérusalem* sous les auspices de l'Académie Royale des Inscriptions et Belles-Lettres. Celle-ci avait décidé de publier un

1. Pardessus, *Collection des lois maritimes antérieures au XVIIIe siècle*, t. I, p. 269.

recueil des Historiens des Croisades, et de placer dans sa collection une nouvelle édition des *Assises de Jérusalem,* monument si utile pour l'étude des mœurs anciennes dans le royaume des Latins ; ce qui pouvait permettre en conséquence de les comparer à la législation de notre Ancien Droit Français.

Beugnot, pour accomplir son œuvre, s'est servi de cinq manuscrits avec lesquels il a complété le texte de celui de Venise qui lui a servi de base [1] :

1° *Saint Germain Français, n° 430, in-folio vélin, XIVe siècle.* Cet exemplaire appartint au Chancelier Pierre Séguier, passa dans la bibliothèque du duc de Coislin et enfin dans celle de Saint-Germain-des-Prés. Il contient les 78 premiers chapitres de la Cour des Bourgeois, les rubriques des chapitres de la Haute Cour au nombre de 302 et cotées ; différentes autres rubriques et une série de chapitres formant le *Livre au Roi* ;

2° *Saint Germain Français, n° 426, petit in-folio vélin, fin du XIIIe siècle.* Ce manuscrit vient de la bibliothèque de Harlay, et a pour titre : *Assises, usaiges et plais de la Haute Cour du royaume de Jérusalem* ;

3° *Fonds Français, n° 7348/3, Baluze 396, in-folio* ayant appartenu à l'avocat Brodeau il dut servir à la Thaumassière pour publier ses éditions ;

1. Cf. Beugnot, Introduction, *Assises de la Haute Cour,* p. 84 et suiv.

4° *Dupuy, ancien fonds n° 652, in-4°, relié en carton, couvert de papier marbré : Assises et bons usages du royaume de Jérusalem transcrites sur un manuscrit de la Bibliothèque Vaticane* ;

5° *Manuscrit des Assises des Bourgeois de la Bibliothèque royale de Munich.* Il ne contient de relatif aux Assises de la Haute Cour que 51 chapitres du *Livre au Roi*, publiés par Kausler à Stuttgart, en 1839.

Canciani, dans les *Leges Barbarorum*[1], a reproduit la traduction italienne des Assises, publiée à Venise en 1535.

Il existe aussi une traduction grecque faite par Sathas au XIIIe siècle dans l'île de Chypre et publiée à Venise.

Mais, de toutes les éditions des Assises, la plus complète est celle du *Comte Beugnot*. Cet auteur est non seulement un de nos penseurs les plus ingénieux, mais un de nos écrivains les plus habiles. Ses erreurs, quand il en commet, révèlent un jurisconsulte de bonne foi, qui, voulant arriver à la vérité, ne dissimule pas les difficultés de l'opinion à laquelle il se rattache. Il a du reste éclairé son œuvre de l'autorité de Beaumanoir, de P. de Fontaines, de la Thaumassière et même de Montesquieu.

Son travail se divise en *deux volumes* : le tome I, qui traite des *Assises de la Haute Cour*, et le tome II, de celles de la *Cour des Bourgeois*. C'est en disant

1. Volume Ier, t. II, p. 479.

quelques mots de ces deux Cours que nous terminons cette Introduction.

Les plus anciennes sont celles de la *Cour aux Bourgeois*. Leur rédaction remonte à la fin du XIIe siècle, entre *1173*, dernière année du règne d'Amaury Ier dont le nom est cité dans les Assises, et *1187*, prise de Jérusalem par les Turcs, et probablement plus près de la première date que de la seconde. L'auteur, du reste inconnu, serait un jurisconsulte de Saint-Jean d'Acre. Son livre est une sorte de coutumier semblable en plusieurs points aux ouvrages du même genre qui furent composés en France au XIIIe siècle. Il présente le même caractère pratique et se fait remarquer comme eux par l'absence de tout ordre méthodique : et l'on pourrait même dire qu'il est le plus ancien d'entre eux. Ce livre renferme les Assises de Godefroy de Bouillon et de ses successeurs, Beaudouin Ier, Beaudouin II, de Foulques et d'Amaury Ier, et reproduit certaines règles de notre Ancien Droit Coutumier Français. Or, celui-ci était formé surtout d'éléments germaniques mélangés de Droit Canonique et de Droit Romain. Nous montrerons souvent que, par rapport à la plus grande partie du sujet qui nous intéresse, le droit romain exerce une influence capitale sur la condition des classes inférieures. Ce fait s'explique facilement, puisque c'est dans l'Empire d'Orient que les compilations de Justinien furent composées ; c'est cet Empire qu'elles régirent jusqu'à sa conquête par les

Arabes et même plus tard. Aussi, quand les Croisés prirent Jérusalem, ils trouvèrent l'ancienne population soumise au Droit Romain, surtout à celui de Justinien [1].

Quoi qu'il en soit, cet ouvrage a le mérite de nous donner un grand nombre de renseignements sur les mœurs de la classe bourgeoise et des classes populaires, inférieures et serviles dans le royaume des Latins.

Les *Assises de la Cour aux Bourgeois* ne renferment pas seulement le *Livre des Assises.* Vers le milieu du XIVe siècle fut rédigé un *Abrégé des Assises de la Cour aux Bourgeois* divisé en deux parties : la 1re traite du Droit Civil ; la 2e de la Procédure. Il fut composé par un jurisconsulte de Chypre qui avait rempli diverses fonctions près de la Cour des Bourgeois de Nicosie, pendant 40 années ; onze comme juré, onze comme greffier et dix-huit comme avocat.

A ces ouvrages ajoutons les *Bans et Ordonnances des rois de Chypre*, édits qui embrassent une période de soixante ans (1286-1362). Ils sont tirés du manuscrit de Munich et renferment des dispositions intéressantes dont nous parlerons souvent.

Le volume se termine par des *formules de chancellerie* mises au jour par V. Foucher.

L'*Appendice* contient des documents sur l'*Histoire*

1. Ginoulhiac, *op. cit.*, p. 478 et suiv.

du royaume de Jérusalem et la *Jurisprudence de la Haute Cour :* 1° Documents sur la successibilité au trône et la régence ; 2° Ceux relatifs au service militaire ; 3° Lignages d'Outre-Mer ; 4° Chartes.

Le deuxième volume des Assises est celui de la *Haute Cour* : il date du milieu du XIIIe siècle et est attribué à un groupe de jurisconsultes renommés.

Les traités qui y sont contenus comprennent les œuvres des jurisconsultes suivants :

1° *Ph. de Novarre* [1], mort en 1270 : comme P. de Fontaines il rédigea entre 1240 et 1250 son ouvrage à la demande d'un ami. C'est un traité de procédure féodale où se révèle un praticien consommé. Il comprend 94 chapitres.

2° *Jean d'Ibelin*, comte d'Ascalon et de Jaffa, mort en 1266. Voulant compléter le traité de Ph. de Novarre, il en composa un plus important, et exposa en 273 chapitres l'organisation du royaume de Jérusalem et le droit féodal qui y était en vigueur

3° *Geoffroy le Tort*, en 32 chapitres ; il se distingue des précédents, car ce n'est pas un livre de pratique mais un résumé théorique du Droit des Assises.

1. Ph. de Novarre est désigné par les textes par « Filippe de Novaire » (*Haute Cour, Livre de Ph. de Navarre*, p. 475) : et les auteurs le citent parfois à tort sous le nom de Ph. de Navarre. Cf. sur ce point l'article de G. Paris (cité dans notre bibliographie).

4° *Jacques d'Ibelin*, en 68 chapitres, œuvre un peu postérieure à celle de Jean, à la famille duquel il appartenait.

5° Un Jurisconsulte inconnu qui composa le *Livre au Roi*, dont les 52 chapitres renferment des fragments d'un ouvrage sur les Droits du Roi et des Seigneurs dans les royaumes de Jérusalem et de Chypre.

6° Enfin la *Clef des Assises* formée de courtes règles ou rubriques en 290 articles.

C'est dans les textes de ces deux *Livres des Assises* que nous avons dirigé nos recherches. Mais notre étude est empruntée à des textes si disséminés et si variés, qu'il nous est impossible de les citer autrement qu'au fur et à mesure de notre travail. Quoi qu'il en soit, nous pouvons déclarer n'avoir trouvé sur notre sujet, dans les *Assises de la Haute Cour* réservées aux classes nobles, que quelques textes, du reste fort intéressants, quoique peu nombreux. Celles de la *Cour aux Bourgeois* nous ont été plus favorables, et de nombreux textes pris dans les traités qui forment cet ouvrage nous permettent de faire une étude documentée.

D'ailleurs, nous nous ferons un devoir d'indiquer aussi scrupuleusement que possible les textes auxquels nous emprunterons nos citations.

CHAPITRE PREMIER

GÉNÉRALITÉS SUR LA POPULATION LATINE ET SUR LES PEUPLES AVEC LESQUELS LES LATINS FURENT PLUS SPÉCIALEMENT EN CONTACT.

SECTION PREMIÈRE.

De la Population Latine en général.

La population Latine, dans les premiers temps de la fondation du royaume des Chrétiens, se composera à peu près des mêmes éléments que l'armée de la première Croisade et la foule qui la suivait.

Quels étaient donc d'après les auteurs ses divers éléments ? « La foule des Croisés, dit Michaud [1], offrait un mélange bizarre et confus de toutes les conditions et de tous les rangs ; des femmes paraissaient en armes au milieu des guerriers ; la prostitution et les joies profanes se montraient au milieu des austérités de la pénitence et de la piété. On voyait la vieillesse à côté de l'enfance, l'opulence près de la misère ; le casque était confondu avec le froc, la mitre avec l'épée ; le seigneur avec les

1. *Histoire des Croisades, op. cit.*, p. 91 et 92, t. I.

serfs ; le maître avec ses serviteurs ». Nous voyons donc déjà les classes sociales commencer à se différencier, comprenant les chevaliers, les seigneurs, les maîtres et le clergé d'un côté, de l'autre les classes inférieures, la foule des pauvres, des serfs, des serviteurs. Beugnot cependant ne veut pas admettre que l'armée de la première Croisade ait pu comprendre des serfs[1]. Pour lui les seigneurs, avant leur départ, affranchissaient leurs serfs en grand nombre. De plus le servage n'aurait pas pu se maintenir dans l'armée, les désordres des guerres futures, le rapprochement des différentes conditions en auraient rendu impossible l'existence. En conséquence, l'armée, au point de vue des classes inférieures, se composait surtout des habitants des campagnes jouissant depuis longtemps de la liberté, ou affranchis avant le départ, ou qui s'en étaient emparés comme inhérente au titre de Croisé. C'est du moins la thèse de Beugnot.

Certes, à la rigueur, que l'armée en elle-même, lors de la première Croisade, ne renfermât pas de serfs, on pourrait l'admettre, sans que cela soit prouvé d'une manière absolue ; mais auprès de l'armée elle-même se trouvait une foule de gens attirés par l'émigration, et peu habiles au service militaire, pourquoi ne contiendrait-elle pas des serfs non affranchis ? Du reste, à partir de la prise de Jérusalem par les

1. Beugnot, cf. *Introduction Cour des Bourgeois*, p. 5.

Croisés à la fin du XIIIe siècle, d'autres armées suivirent à intervalles inégaux, et l'émigration sous toutes ses formes amena dans les pays Chrétiens nouvellement conquis des multitudes de gens attirés par la piété, par le désir de faire fortune, par l'amour d'une vie aventureuse ou par dégoût pour leur condition sociale. C'est en effet le cas des serfs, dont la situation sociale aux XIe et XIIe siècles n'était guère enviable.

Quoi qu'il en soit la population du royaume de Jérusalem se composait à peu près des mêmes classes inférieures que celles que nous venons de citer, entre autres, de serfs. Que leur condition fût celle des serfs qui existaient alors en France ou celle d'esclaves agricoles, il n'en était pas moins vrai qu'ils formaient une classe spéciale dans le royaume de Jérusalem.

Du reste, Monnier [1] nous dit que la première Croisade ne fut pas seulement une expédition militaire mais surtout une émigration de la race gallo-franque comprenant des bourgeois, des commerçants, des laboureurs, des *serfs* avec leurs familles. Voilà bien en effet la composition de cette foule dont nous parlions, qui accompagnait l'armée proprement dite. On l'appelait le *commun du peuple*. Ce peuple était même si hostile aux nobles qu'il se soulevait fré-

1. *Loc. cit.*, p. 685 et suiv. — Cf. aussi Gibbon, t. II, ch. LVIII, p. 647.

quemment contre eux, notamment à Antioche et à Tyr. C'est lui qui va commencer à peupler les villes dont s'emparent les Croisés. A la suite d'émigrations multiples arrivèrent des commerçants, des marchands, des artisans, des habitants libres des villes, appartenant à des nations différentes, et voilà formé l'élément bourgeois et populaire.

Au-dessus de cette partie inférieure des classes sociales, se dressait la noblesse, les conquérants, les maîtres. C'est à eux que furent octroyés les grands domaines fonciers : ils eurent la puissance de la terre, et celle-ci s'étendit à tous ceux qui, à quelque titre que ce fût, se trouvaient sur leurs domaines. Ils purent ainsi faire revivre dans le nouveau royaume les règles du Droit Féodal qui, en France, leur assuraient l'autorité et la puissance seigneuriales.

Par suite, dès que le royaume de Jérusalem fut créé, les classes sociales commencèrent à se distinguer nettement. Quels vont donc être les principaux caractères des classes inférieures qui l'ont composé? C'est ce que nous désirons étudier. Au préalable, nous allons énumérer d'une façon définitive les différentes catégories de personnes que nous rencontrons dans les *Assises de Jérusalem*.

Au haut de la hiérarchie, se trouvait la Noblesse ; au-dessous d'elle la Bourgeoisie, classe assez difficile à définir et pourtant privilégiée. En dernier lieu nous voyons une classe inférieure de composition très variée comprenant les serviteurs, les serfs, les esclaves agricoles et les vilains, les esclaves domestiques et les affranchis. C'est cette classe inférieure que nous allons étudier.

Elle occupe en effet une assez grande place dans les textes des Assises. Les « *Assises de Jérusalem* daignent aussi s'occuper d'une classe inférieure à une distance immense des nobles, des bourgeois et des étrangers, savoir de celle des vilains, des esclaves, des paysans cultivateurs et des captifs pris à la guerre...[1] » nous dit Gibbon. Cet auteur n'énumère même pas complètement tous les éléments qui la formaient.

Pour nous, voici la composition exacte de cette classe inférieure, et ce sera d'après elle que nous dirigerons notre étude.

Nous allons tout d'abord dans la deuxième partie de ce chapitre montrer la séparation qui existait en droit entre les Latins et les peuples avec lesquels ils se trouvèrent en rapport : puis nous préciserons la nature et la composition de celles des classes inférieures qui ne rentrent pas dans la population servile, mais qui forment au contraire les classes libres et s'opposent en conséquence aux esclaves. C'est ainsi que nous étudierons tout d'abord la condition de la classe bourgeoise. Un autre chapitre aura pour but de rechercher si les roturiers existaient comme habitants libres des campagnes et distincts des bour-

1. Gibbon, t. II, ch. LVIII, p. 675.

geois dans la population inférieure du royaume de Jérusalem. En conséquence, il faudra poser la question suivante : la tenure roturière, la censive de notre Ancien Droit, caractéristique de la condition des roturiers ou vilains en tant qu'habitants libres des campagnes, se trouvait-elle avec ces mêmes caractères dons les *Assises de Jérusalem ?*

Il sera intéressant d'examiner alors la nature d'une classe spéciale, celle des serviteurs libres et à gages. Nous étudierons ensuite la condition des serfs dont il est souvent question dans l'un et l'autre des traités des Assises.

Se rapprochent-ils des serfs du Droit Féodal, leur sont-ils semblables ou en diffèrent-ils, et alors ne se rapprochent-ils pas des esclaves agricoles ? Nous rechercherons en même temps quelle est la condition des vilains ; sont-ils des habitants libres des campagnes ou des serfs eux-mêmes ? Passant alors à l'esclavage domestique, il nous faudra préciser les caractères de cette classe. L'affranchissement nous retiendra ensuite et nous verrons la condition des affranchis.

Etudier la condition et les caractères des diverses classes que nous venons de citer, tel est donc notre but. Il sera également important, au cours de ce travail, de rechercher l'origine des points spéciaux que nous examinerons, de nous demander si telle disposition se rattache au Droit Romain où à notre Ancien Droit Français.

D'autre part, il faut observer que la condition des classes inférieures que nous rencontrons dans les *Assises de Jérusalem* se trouvait influencée par les caractères que ces mêmes classes présentaient avant la conquête du royaume Latin. Ce fait est surtout nettement marqué pour les esclaves, les serfs et les affranchis. Les Latins, en effet, bien qu'inspirés, en principe du moins, des idées chrétiennes d'égalité ou mieux de liberté, d'affranchissement, d'unification des classes inférieures, vont cependant accueillir avec joie les règles dures et déjà délaissées en France sur l'esclavage et ses conséquences.

Nous reviendrons sur toutes ces idées, nous montrerons quelle situation les classes inférieures occupaient dans le nouveau royaume Chrétien. Il nous reste à exposer le résultat du mélange des populations latines et indigènes d'après les *Assises de Jérusalem* : tel va être l'objet de la section deuxième du présent chapitre.

SECTION II.

Des rapports des Latins et des peuples avec lesquels ils furent en contact.

Maîtres du royaume de Jérusalem, les Latins se trouvèrent en présence de populations nombreuses et de races très différentes. Parmi ces peuples, les uns se trouvèrent par droit de conquête soumis à leur domination, les autres n'étant que voisins exercèrent une influence moins directe sur la condition des diverses classes du royaume des Latins. Du reste les populations indigènes des territoires conquis vont garder leurs lois et leurs coutumes, et cependant leurs rapports civils avec les Chrétiens restaient régis par l'*Assise* [1]. D'où un choc entre des lois différentes, des mœurs, des coutumes peu en rapport avec les règles de droit qui, dans leurs différents pays, régissaient les Francs.

D'un autre côté il est bon de remarquer la diversité des peuples qui composaient les armées des Croisés. On y trouvait les nationalités conquérantes réunies sous le nom de Francs ; elles comprenaient entre autres des Français, des Allemands, des Italiens qui venaient se mêler aux populations indigènes : Sarrasins, Syriens, Griffons [2] ou Grecs, Jacobins, Nestoriens [3], Chypriotes...

Toutefois la condition civile des populations latines et indigènes était nettement tranchée.

De nombreux textes le prouvent : le chapitre LIX des *Assises de la Cour des Bourgeois* vise le cas suivant : un Franc appelait devant la Cour un Syrien en paiement d'une somme qui lui était due. Le Syrien niait sa dette et le Franc ne pouvait la prou-

1. Ch. Giraud, p. 269.
2. Le mot Griffon était le nom donné aux Grecs Byzantins
3. Nestoriens, partisans de la doctrine de Nestorius, célèbre hérétique d'une secte de Syrie.

ver par témoins; le Syrien devait jurer sur la Sainte Croix qu'il n'était pas son débiteur ; en ce cas la Cour l'acquittait. Si un Syrien réclamait à un Franc une somme, si le Franc niait sa dette et si le Syrien n'avait pas de témoin, le Franc n'avait pas à prêter un serment semblable à celui dont nous avons parlé. Il en était de même si, au lieu d'un Syrien, il s'agissait d'un Sarrasin [1].

De même un Franc ne pouvait être témoin contre un Griffon, ni ce dernier contre un Franc [2]. Un Sarrasin ne pouvait être témoin contre un Juif, ni un Juif contre un Sarrasin : ni un Samaritain contre un Jacobin, ni un Jacobin contre un Syrien [3].

D'autre part nul Syrien, nul Griffon, nul Sarrasin ne pouvait être champion contre un chrétien « ce est qu'il ne peut lever nul Crestien par bataille en tot le reaume de Jérusalem », sauf aux cas de meurtre, de trahison ou d'hérésie [4] dont un indigène serait accusé.

Nous pouvons donc affirmer que la condition civile des différents peuples en rapport avec les Latins est nettement délimitée par les *Assises*. Les textes que nous venons de citer, et ce ne sont pas les seuls, sont formels sur ce point. Ils durent en effet être souvent appliqués, car les villes du royaume

1. *Livre des Assises, Cour des Bourgeois*, ch. LX.
2. *Ibid.*, ch. LXI.
3. *Ibid.*, ch. LXV. — Jacobins, autre secte de Syrie.
4. *Livre de la Cour des Bourgeois*, ch. CCLXXVI.

latin ne tardèrent pas à devenir très populeuses. Ce mouvement fut facilité surtout sous le règne de Beaudouin IV qui supprima à Jérusalem tout droit d'importation et accorda aux Syriens, aux Grecs, aux Arméniens et même aux Sarrasins la liberté d'apporter à Jérusalem certains produits agricoles sans payer de taxe. Quant aux autres villes, un grand nombre de pèlerins s'y établirent et se mêlèrent aux populations indigènes. De nombreuses familles de commerçants vinrent des côtes d'Italie et des régions de l'Orient et de l'Occident. Michaud ajoute même qu'on fit venir des femmes de Naples, de Syrie et de la Pouille. Il est facile de comprendre, ajoute cet auteur, qu'un semblable mélange devait amener la corruption des mœurs [1].

Concluons donc en disant que le véritable caractère de toutes ces populations était le mélange des peuples qui les composaient, ce qui entraînait la diversité des classes et des conditions sociales.

1. T. II, p. 88.

CHAPITRE II

DE LA CLASSE BOURGEOISE.

On remarque au-dessous de la noblesse une classe spéciale, celle des Bourgeois qui caractérise par son nom le tome II des *Assises*, de même que celle des nobles à désigné les *Assises de la Haute Cour* ou *Cour des Barons*. Ainsi que le dit un auteur, la Cour des Bourgeois fut créée pour la classe inférieure [1], et cependant la classe bourgeoise jouissait, en grande partie du moins, d'une *condition sociale privilégiée*, aussi la limite qui séparait la Haute Bourgeoisie de la classe noble était-elle bien fragile.

Tout d'abord une première question vient à l'esprit : comment s'était donc formée cette classe bourgeoise, qui fait l'objet du tome II des *Assises* [2], rédigé *vers la fin du XIIe siècle, entre les années 1173 et 1187 ?*

Il est facile de penser que l'établissement de cette classe dut s'accomplir lentement et difficilement. Le

1. Cf. Monnier, p. 683.

2. *Le Livre des Assises de la Haute Cour* traite aussi de certaines règles de droit concernant les Bourgeois, mais les textes sont peu nombreux et se rapportent surtout au droit pénal et à la procédure.

bourgeois du reste, par définition, est l'habitant tranquille des villes, honnête et riche marchand, industriel ou financier; c'est aussi, à un second degré, le petit marchand, l'artisan et le petit industriel. Pour que cette classe bourgeoise soit réellement formée, il faudra attendre le moment où le royaume latin sera solidement établi, car les bourgeois pourront alors se livrer en paix au commerce : on verra affluer de tous les points du monde une multitude de commerçants, marchands, artisans qui sont les éléments fondamentaux de la Bourgeoisie.

Nous admettons donc que dès les premiers temps des Croisades il existait une classe bourgeoise ; mais celle-ci se forma peu à peu, au fur et à mesure des conquêtes.

Du reste, en raisonnant par comparaison, nous voyons que les bourgeois existaient en France dès le Xe *siècle*, bien que le mouvement d'affranchissement et la création des chartes de communes datent du XIIe siècle et surtout des siècles suivants. Or les *Assises de la Cour des Bourgeois* datent de *la fin du XIIe siècle*. Par conséquent, lors de la rédaction du *Livre des Assises de la Cour des Bourgeois*, la Bourgeoisie existait déjà en France.

Quant au mouvement d'affranchissement des communes, certains historiens ont relevé le nombre des actes, chartes de communes, concessions de privilèges et autres documents émanés du pouvoir royal, et ils ont constaté qu'ils dataient surtout de la fin du XIIe siècle. On pourrait faire le même travail pour les principaux suzerains du territoire de la France ; mais là aussi ce mouvement, s'il a commencé au XIIe siècle, n'exista réellement qu'aux siècles suivants [1]. Nous pouvons donc dire que le mouvement d'émancipation des communes n'a dû exercer aucune influence sur la condition de la classe bourgeoise du royaume latin. Cependant celle-ci tend, comme en France, à prendre une place de plus en plus grande et à obtenir de nombreux privilèges. Nous avons dit aussi qu'à la date où nous nous plaçons la classe bourgeoise existait en France depuis plusieurs siècles, et que, dès le XIIe siècle, les habitants des villes commençaient à avoir une certaine autonomie et quelques privilèges [2]. Ainsi, à Montpellier, au XIe siècle, on distinguait plusieurs classes de personnes, entre autres les propriétaires de maisons situées en cette ville ou bourgeois. A Narbonne, où les nobles étaient presque les seuls citoyens, il y avait cependant une Bourgeoisie ; il en était ainsi à Carcassonne et à Noyon : la classe bourgeoise existait même à Cambrai dès 956 [3].

Il nous reste à tracer d'une manière générale les caractères de la Bourgeoisie latine. Si nous nous en

1. Guizot, t. IV (cf. bibliographie), 16e leçon, p. 201 et suiv. — Wollowski, *Revue de Législation et de Jurisprudence*, p. 275.

2. Cf. Brissaud, p. 688.

3. Flach, t. II, p. 258, 267 ; p. 373 et suiv.

référons à Beugnot [1] elle formait la classe riche, menant une vie somptueuse, se renfermant dans les villes ; ses richesses et ses lumières lui firent obtenir des privilèges qui l'élevèrent presque au niveau de la noblesse. Aussi était-il aisé pour un bourgeois de franchir la faible barrière qui l'en séparait, et notre auteur expose [2] le cas où, après la défaite de Tibériade [3], Balian d'Ibelin se rendit à Jérusalem « il n'avait adonc à la cité que deus chevaliers qui estoient échappés de la bataille. Lors fist Beleen d'Ibelin cinquante fis di borgois chevaliers. »

Nous voyons donc que la noblesse et la bourgeoisie, séparées par la naissance, tendaient à se rapprocher. Elles formaient la *classe conquérante* et à ce titre elles étaient *privilégiées*. Il est facile de prouver ce dernier point, car d'une part les bourgeois jouissaient de la prérogative de délibérer sur les intérêts de la cité à laquelle ils appartenaient. D'autre part, ils contresignaient certaines chartes royales, avec les chefs du clergé et les principaux seigneurs [4]. Quand le roi était couronné à Jérusalem, c'étaient les bourgeois de cette ville qui le servaient sur des tables dressées pour le festin dans

1. Introduction. *Assises Cour des Bourgeois*, p. 33 et suiv.
2. Introduction. *Assises Cour des Bourgeois*, p. 27, et *privilegium de Begebelino*. Appendice, n° 44, p. 527.
3. Après la première Croisade, cette ville fut donnée en fief à Tancrède : reprise en 1187 par Saladin ; rendue aux Chrétiens en 1240 ; retombée entre les mains des Musulmans en 1247.
4. Introduction. *Assises Cour des Bourgeois*, p. 18 et 19.

le temple de Salomon, maison des Templiers, car « ce est le servise qu'il doivent au rei... » [1].

Ils pouvaient en outre être jurés, « estre leaus hommes et amer Dieu et droit dire et faire à toutes gens sans trecherie... » [2]. Ils étaient au nombre de douze qui accompagnaient le vicomte « douze autre personnes, ou plus, ce il plaist au roi, lesqués sont apelés bourgois et que il soient bourgois et Frans, de la loi de Roume ; et ces sont les jurés... » Mais Beugnot affirme (ch. CCLXV, *C. des B.*, note *a*) que tout bourgeois n'était pas de plein droit juré et que ces derniers étaient recrutés parmi les principaux de la Bourgeoisie, ce qui prouve qu'il existait bien une sorte de Haute Bourgeoisie à laquelle on réservait des titres honorifiques refusés à la partie inférieure de cette classe. Un bourgeois pouvait même présider la Cour de la Fonde [3] et, au sujet de leur participation à la rédaction de la loi, le chapitre CCCIII du *Livre des Assises de la Cour aux Bourgeois* (note *a*), nous montre l'annulation comme illégale d'une simple Ordonnance de police rendue par Beaudouin Ier sans avoir pris le conseil de ses bourgeois. Le pouvoir de légiférer était donc solidement établi et résultait de l'union de la noblesse, du clergé et de la bourgeoisie.

1. *Assises Haute Cour, Livre Jean d'Ibelin*, ch. VII, *in fine*.
2. Cf. Introduction. *Assises Cour des Bourgeois*, ch. VII et note *b* et *Livre Jean d'Ibelin*, ch. II.
3. Introduction. *Assises Cour des Bourgeois*, p. 24.

En définitive, la Bourgeoisie envisagée comme classe riche était dotée de nombreux privilèges. Nous croyons toutefois que le mot bourgeois ayant été pris ici dans un sens très large, il faut aussi désigner par cette expression *tout un élément populaire*, les classes serviles mises à part, qui ne peut être envisagé comme participant aux plus importants des droits que nous venons d'énumérer, entre autres celui d'être juré. Nous voulons désigner par là toute une série de personnes qui vivaient de leurs commerces, ouvriers, artisans, gens de métiers, petites gens, dont certains textes précisent les caractères. Classe mixte et populaire, comprenant des individus rentrant dans la classe bourgeoise, car ce sont des habitants des villes, mais par leur condition, leur nature, ils semblent être écartés des privilèges caractéristiques de la Haute Bourgeoisie.

Cette explication semble du reste bien en rapport avec la formation très lente de la classe bourgeoise dans le royaume Latin. Il est en effet difficile, malgré tout ce que nous avons dit jusqu'ici, de se représenter nettement quelle était dès son origine sa composition exacte. Ne pourrait-on même pas dire, avec quelque raison, que par ce mot de *bourgeois* on a voulu entendre, tout d'abord, tous ceux qui, les classes serviles mises à part, n'entraient pas dans la classe noble. Mais, par la force même des choses, cette classe bourgeoise se scinda en deux groupes : l'un, la Haute Bourgeoisie, classe privilégiée pouvant aisément rentrer dans la classe noble, l'autre recueillant dans son sein des éléments populaires très variés. Le terme de bourgeois était donc *difficile à préciser,* surtout à l'époque où fut rédigé le *Livre des Assises.* Il ne faut donc pas s'étonner de trouver sous cette désignation des *professions populaires* qui ne pouvaient pas être rangées parmi la partie privilégiée de la bourgeoisie. Les *Assises de la Cour des Bourgeois* nous en citent quelques-unes, à propos de certains points spéciaux dont quelques textes s'occupent particulièrement.

Ainsi, les bouchers voyaient le prix auquel ils devaient vendre la viande réglé par le n° 22 des Bans et Ordonnances des Rois de Chypre. La fonction de crieur public est citée dans plusieurs chapitres [1]. Celle d'hôtelier, d'aubergiste, est très répandue : son existence est prouvée par plusieurs textes. Le *Livre des Assises de la Cour des Bourgeois* (chap. C) parle d'une bête louée qui tombe fourbue : celui qui l'avait louée la conduira à l'auberge la plus prochaine. Le chapitre CCCIV vise la responsabilité de l'hôtelier : une personne logée dans une auberge perdait une chose lui appartenant, l'aubergiste et tous ceux qui étaient présents devaient jurer qu'ils n'avaient pas pris l'objet perdu. Une autre profession est celle de chamelier, et le

1. *Assises Cour des Bourgeois*, ch. CCC. CCCIII. — *Haute Cour : Livre au Roi*, ch. XLV. *Livre Jean d'Ibelin*, ch. CLXXXV, CLXXXVI.

chapitre LXXXXIX du *Livre des Assises de la Cour des Bourgeois* nous parle de la responsabilité de celui-ci. Enfin le chapitre CCXXXVII des mêmes Assises traite des devoirs du maréchal ferrant: un homme « qui que il soit, ou chevalier ou borgeis... » envoie ferrer sa bête et le maréchal fait son travail si maladroitement que certaines complications surviennent et l'animal est blessé ou meurt. Le maréchal ferrant devra payer une amende taxée d'après la condition du propriétaire de la bête.

On faisait donc rentrer sous l'appellation de bourgeois tous ces divers petits métiers que nous venons de citer. Ne peut-on donc pas dire que les personnes exerçant les professions précédentes ne semblent pas devoir faire partie de la Bourgeoisie en tant que classe privilégiée et rentrent au contraire dans la partie populaire et inférieure de cette classe ?

CHAPITRE III

DES ROTURIERS ET DES TENURES ROTURIÈRES OU CENSIVES.

SECTION I

De la classe des Roturiers et de son existence.

Dans l'Ancien Droit Français, nous trouvons parmi les classes inférieures celle des *roturiers*. Ce mot avait du reste une double signification, car il comprenait d'une part les *bourgeois ou habitants libres des villes*, et d'autre part *les vilains* (désignés très souvent en effet par le mot de *roturier*) *ou habitants libres des campagnes* [1]. Ils faisaient partie des classes inférieures en tant que tenanciers de tenures roturières, et à ce titre ils devaient payer certaines redevances aux seigneurs dont ils tenaient les terres qu'ils cultivaient, sorte de reconnaissance des droits que chaque seigneur avait sur la tenure roturière.

Nous venons donc de déclarer que cette expression de *roturier* servait dans notre ancien droit à désigner entre autres les habitants libres des cam-

1. Brissaud, p. 746. — Glasson, t. VIII, p. 257.

pagnes ou vilains, or nous prouverons dans la suite que dans les *Assises de Jérusalem* ce terme de *vilain* est pris au sens de *serf*, c'est-à-dire *d'esclave agricole*. Une première question se pose : les *Assises de Jérusalem* nous permettent-elles de dire que les roturiers ou vilains aient aussi existé dans le royaume des Latins en tant qu'habitants libres des campagnes ? Une seconde question viendra ensuite : leurs caractères étaient-ils les mêmes que ceux présentés par cette classe dans notre Ancien Droit, c'est-à-dire ceux de tenanciers de tenures roturières ou censives ?

Recherchons donc tout d'abord si les roturiers ou habitants libres des campagnes étaient désignés dans les textes des *Assises de la Cour des Bourgeois ?* Nous venons de dire que le terme de roturier désignait sous une première acception les bourgeois. Il est bien évident que ce premier point ne fait aucun doute, car si par roturier on veut entendre seulement les habitants libres des villes, la question de leur existence n'a même pas besoin d'être posée : nous en connaissons la solution, puisque nous avons déjà étudié la classe bourgeoise dans le royaume des Latins. Si, au contraire, le mot roturier est pris dans le sens d'habitants libres des campagnes, d'anciens serfs affranchis ou non, de tenanciers de tenures roturières, l'existence de cette classe dans le royaume des Latins est, d'après les textes eux-mêmes des *Assises des Bourgeois*, l'objet de nombreuses discussions entre les auteurs.

Parmi ceux-ci, certains admettent implicitement la création de cette classe dans le royaume des Chrétiens. Monnier[1] nous déclare à ce sujet que Godefroy de Bouillon avait surtout besoin de *colons*. Il avait avec lui non seulement des chevaliers, mais des bourgeois, et, comme disent les chroniqueurs, des *roturiers* qui s'étaient décidés à s'établir en Orient où ils allaient devenir de *grands propriétaires dans les campagnes comme dans les villes*, suivant les usages de la Loi Féodale.

Un autre auteur, Guétat [2], écrit que Godefroy de Bouillon avait réparti la justice en deux cours, la Haute Cour et la Cour des Bourgeois « destinée aux *roturiers* ». Il avait en conséquence rédigé les lois ou statuts applicables aux nobles et aux *roturiers* du pays. Cet auteur prend donc ici le mot roturier dans un sens très général, y faisant rentrer non seulement les bourgeois, habitants des villes, mais aussi les *habitants libres des campagnes*.

Ginoulhiac (p. 478) est encore plus affirmatif : Il écrit que « les *Assises de la Cour des Bourgeois* reproduisent le droit coutumier proprement dit, celui des bourgeois *et des roturiers*... » et sur ce point il soutient même une théorie très hardie, comme nous le montrerons bientôt.

Par contre, Laferrière[3] se refuse à admettre

1. Monnier, *loc. cit.*, t. II, p. 94.
2. Guétat, *Histoire du Droit français*, p. 323.
3. Laferrière, t. IV, p. 505 et suiv. — Cf. aussi *thèse Deraze*, p. 44.

l'existence de cette classe, car, dit-il, elle n'apparaît pas dans les *Assises de Jérusalem*, ou plutôt les textes nous citent bien les vilains, mais ils les envisagent comme des serfs, des esclaves agricoles. En France le droit des roturiers existe, mais en Orient il n'y a que deux droits, celui des fiefs et des nobles, et celui des bourgeois ou habitants des villes. Quant au droit des roturiers, il n'existe pas dans les *Assises de Jérusalem*. Telle est l'opinion de Laferrière.

Quelle solution faut-il adopter ? Nous préférons nous ranger à la théorie des auteurs qui croient trouver près de la classe bourgeoise celle des habitants libres des campagnes ou roturiers, et admettent que ceux-ci étaient régis par le droit des *Assises de la Cour des Bourgeois*. Pourquoi, en effet, ne pas admettre l'existence d'une classe d'habitants libres des campagnes, opposée à celle des habitants libres des villes ? Du reste, presque tous les auteurs, comme nous venons de le voir, assimilant *les bourgeois et les roturiers*, la condition de ces deux classes de personnes semble être régie par les textes des *Assises de la Cour des Bourgeois*.

SECTION IIe

De l'Acquisition et de la Possession des fiefs par les Roturiers.

La question de l'existence de la classe des roturiers étant examinée, le moment est venu de nous demander si les roturiers pouvaient *posséder des fiefs* dans le royaume des Latins ?

En général, dans les diverses contrées de notre ancienne France, les roturiers n'eurent ce droit qu'à l'époque des Croisades, coïncidence qu'il est intéressant d'observer ici. Les seigneurs, avant de partir pour ces expéditions lointaines, étaient obligés en effet de vendre un ou plusieurs de leurs fiefs, et à défaut de nobles en état de les acquérir ils les cédaient à des roturiers [1]. Les *Ordonnances royales* régularisèrent ensuite ces acquisitions (Ord. royale de Philippe III : 1275) [2]. Il serait donc naturel qu'une situation semblable se fût également manifestée dans le royaume fondé par les chrétiens en Orient. Malheureusement, en droit, en nous plaçant seulement en face des textes des Assises, il en existe un, le chapitre CLXXXVII du *Livre de Jean d'Ibelin*, (*Assises Haute Cour*) qui semble bien refuser aux roturiers le droit d'acheter des fiefs.

Dans ce chapitre il est en effet stipulé que : « *nul ne peut fié acheter* qui n'est chevalier, fiz de chevalier et de dame, né en leau mariage... » C'est aussi l'avis de quelques auteurs, entre autres de Glasson [3]

1. Glasson, t. IV, p. 318 et suiv. ; — Fleury, t. I, p. 261.

2. Elle permettait aux roturiers d'acquérir des fiefs et de les tenir en hommage, à condition de remplir les services : si au contraire le nouveau feudataire ne faisait pas le service militaire, le fief était abrégé et le roturier devait vider ses mains dans l'année ou payer une somme égale aux revenus de deux ou trois années.

3. T. IV, p. 315.

déclarant que : « les *Assises de Jérusalem* posent en principe que les roturiers sont incapables de tenir les fiefs... ». M. Deraze, dans sa thèse [1], est aussi de cet avis ; mais si en principe il admet cette incapacité, il ajoute qu'en certains cas les roturiers avaient très bien pu posséder des fiefs, « et plus particulièrement dans le royaume de Jérusalem que partout ailleurs ».

Beugnot, au contraire, n'accepte aucune exception à cette prohibition faite aux roturiers sur ce point, et il admet que cette défense posée par le chapitre CLXXXVII doit leur être appliquée dans toute sa rigueur [2].

Pour combattre cette dernière opinion, l'auteur de la thèse à laquelle nous nous référons discute le fait en vertu duquel le chapitre CLXXXVII du *Livre de Jean d'Ibelin*, en posant que les roturiers ne pouvaient acheter des fiefs, était inconciliable avec la solution du chapitre CLXXXVIII. Ce dernier vise deux cas : celui où le fief est possédé par un chevalier ou sa dame, et celui où « *home ou feme autre que chevalier ne dame ait fié...* » ; ce second cas serait celui où une personne autre qu'un chevalier, un roturier, possède un fief. Nous ne croyons pas toutefois que le mot : « *autre que chevalier...* » soit pris en ce sens, et nous pensons au contraire avec Beugnot, qui le fait remarquer intentionnellement, qu'il s'agit ici, comme dans bien d'autres textes, d'*un noble qui*

1. *Thèse Deraze*, cf. bibliographie, p. 44, note 1.
2. *Assises Haute Cour*, p. 297, note *b*.

n'est pas chevalier et non d'un simple roturier [1].

En nous plaçant seulement en présence des textes, nous ne pouvons donc pas être affirmatif au point de vue de l'acquisition et de la possession des fiefs par les roturiers : mais cette question ne pourrait-elle pas avoir une solution différente en fait ?

Il est possible en effet qu'il se soit présenté des cas où les roturiers aient pu être mis en possession de fiefs. Il faut remarquer que les seigneurs se trouvèrent à la tête de domaines immenses, et les Croisés s'étaient hâtés de se déclarer propriétaires des domaines et des habitations qui leur plaisaient. Monnier [2] écrit que, lors de l'entrée des Croisés à Jérusalem, ils jetèrent les yeux sur les demeures de la ville, et s'ils en voyaient à leur convenance ils enfonçaient un poignard dans la porte, ou la marquaient de leur sang : la maison était à eux. D'autres, les jours suivants, avaient envahi les riches domaines des Musulmans dans les campagnes.

Un autre auteur, Michaud l'Historien des Croisades, déclare que : « toute personne qui avait séjourné un an et un jour dans une maison et sur une terre cultivée devait en être reconnue légitime possesseur : tous les droits de possession étaient anéantis par une absence de même durée... » [3].

1. *Livre de Jean d'Ibelin*, ch. CVIII, note *a*, et ch. CXVI, cf. spécialement la note *b*.
2. P. 662.
3. T. II, p. 3.

En présence d'un tel état de choses, les roturiers, les habitants libres des campagnes, comme du reste ceux des villes, ne devaient pas être embarrassés pour acquérir la possession de demeures et de domaines, ou de fiefs délaissés ou abandonnés par leurs anciens propriétaires.

Cette dernière observation de Michaud est du reste le résumé de l'Assise « *de l'an et jour* » (chapitre XV de la IIe partie de l'*Abrégé du Livre des Assises de la Cour des Bourgeois*) qui s'applique en effet à toute personne, quelle qu'elle soit. Elle a pour but de remédier à l'abandon que des propriétaires faisaient de leurs biens pendant les guerres, passant outre-mer dans l'intention de revenir quand la paix serait prononcée.

Celui qui entrait en possession d'un de ces biens abandonnés et avait une possession paisible pendant l'an et jour en était propriétaire. Ce texte ajoute : « *sachés que ceste assize ne fut exceptée en nule manière de gent*, ce est assaver, ne le seignor ne l'Yglise ne le Temple, ne l'Ospitau (Templiers et Hospitaliers), ne clerc ne prestre, ne gent de religion, ne chevalier ne gent de coumune *ne nul autre*... » Ce texte étant très général et s'appliquant à toute personne qui se trouvait remplir les conditions exigées, rien ne nous empêche de dire qu'il s'étendait aux roturiers.

Il ne faut pas oublier aussi que les seigneurs eux-mêmes, après les premières années de triomphes, passèrent par bien des vicissitudes, et se trouvant souvent dénués de ressources, devaient faire appel aux Puissances dont ils dépendaient. Or, parmi les roturiers, outre les habitants libres des campagnes, les bourgeois formaient, en grande partie du moins, la classe riche et opulente ; pourquoi, comme cela avait lieu en France, ne pas admettre qu'en fait, contrairement au chapitre CLXXXVII précité, ils ne soient pas devenus acquéreurs de certains fiefs ? Nous sommes bien obligé toutefois de dire qu'il est difficile de faire des déclarations précises sur ce point, les textes étant plutôt opposés à la manière de voir que nous exprimons en fait.

SECTION III

Des Tenures Roturières. — Du Cens.

Dans notre Ancien Droit Féodal, nous nous trouvons en présence de trois espèces de terres : le *fief* ou *terre noble ;* la *censive* ou *tenure roturière ;* la *tenure servile.* La seconde, qui seule nous intéresse, est celle qui était concédée à des roturiers à charge par eux de payer au seigneur concédant une certaine redevance ou cens. A cette division des terres correspondent trois classes de personnes : les *nobles*, les *roturiers* et les *serfs*.

Cette observation nous conduit à la question suivante : puisque nous avons admis dans le royaume des Latins la présence de la classe roturière en tant qu'habitants libres des campagnes, pourquoi ne pas en rechercher les caractères d'après les *Assises de Jérusalem ?* Ceci revient à nous demander si les roturiers offraient les mêmes caractères que ceux qu'ils présentaient dans notre Ancien Droit, c'est-à-dire de *tenanciers de tenures roturières ou censives ?*

Tout d'abord il ne faut pas oublier avec quelle dureté les Latins s'emparèrent des terres conquises, spécialement de celles des Syriens, expulsèrent les anciens propriétaires, prirent leurs habitations et leurs immenses domaines pour les donner, les vendre ou les louer à des Européens [1]. Aussi, à côté du louage de travail [2] et d'animaux, trouvons-nous certains biens donnés à *cens* [3].

Ce mot de *cens*, rencontré plusieurs fois dans les textes des Assises, éveilla l'attention de quelques auteurs qui se demandèrent si ce n'était pas là le cens roturier de notre Ancien Droit, ou au contraire une sorte de fermage sans trace de féodalité ?

C'est ainsi que Laferrière [4] déclare que « jamais l'expression de vilain, ni celle de *cens*, ne désigne dans les Assises la classe agricole et libre des tenanciers de la mère patrie. La censive et les censitaires nés en France de l'émancipation des serfs et mainmortables constituent une classe de biens

1. *Assises Cour des Bourgeois*, introduction, p. 41.
2. Cf. le chapitre où nous avons étudié la classe des serviteurs.
3. *Assises Cour des Bourgeois*, ch. CIII-CV.
4. T. IV, p. 504 et suiv., et p. 521 et suiv.

et de personnes absente dans les *Assises de Jérusalem*... » Pour cet auteur le bail à cens dont il est question dans les *Assises de la Cour des Bourgeois* n'est pas semblable au cens féodal, car il ne s'applique qu'aux propriétés urbaines : les textes des Assises visent seulement le cas de celui qui donnait sa maison, sa vigne, sa terre ou son jardin à cens, et si le sire du cens restait impayé il reprenait ce qu'il avait donné.

Telle est, en résumé, l'argumentation de Laferrière : on peut lui faire certaines critiques. Il est certain qu'à lire les textes qui traitent du cens, il semble qu'il s'agit de locations d'immeubles semblables au contrat de louage pour les biens urbains, et au fermage pour les biens ruraux. Du reste ces textes des *Assises de la Cour des Bourgeois* peuvent être pris dans un sens très large, et il est difficile actuellement d'en préciser la portée d'application [1]. S'ils parlent de louages de maisons, de jardins, ils ajoutent

1. Ch. CIII, *Assises Cour des Bourgeois* : « Se un home done sa maison ou sa terre ou sa vigne ou son jardin à cens, à un autre home... celui qui paie le cens peut laisser l'apaut toutes les oures que il veut, por ce que il paie de tant come il aura tenue la chose... » — Ch. CIV : « Se un home ou une feme done sa maison ou son jardin à cens, à terme noumé,... » voir la note *b*.— Ch. CV : « Se un home ou une feme done sa maison ou son jardin à cens à un autre home jusque à un terme nomé, et il avient que le sire dou jardin ou de la maison demande son cens à celuy ou à cele qui a sa chose apautée, et celui ne le veut paier de son cens, la raison coumande que le sire de l'apaut peut bien saisir son jardin ou sa vigne, jusque il seit paiés... » — Cf. aussi *Abrégé Cour des Bourgeois*, 1re partie, ch. XLIII et suiv.

aussi ceux de vignes ou de terres : ces dernières étaient-elles situées en ville ou à la campagne, et de plus le mot terre n'était-il pas pris en un sens très large et ne devait-il pas surtout s'appliquer à des biens ruraux ?

D'autre part, Laferrière, pour dire que nous sommes en présence d'un cens spécial à ce droit des Assises, tire argument de ce fait que si le seigneur du cens restait impayé il reprenait ce qu'il avait donné en cens. Or, au sujet de la censive et du cens de notre Ancien Droit, nous nous apercevons aussi que la peine primitive qui provenait du non-paiement du cens fut probablement la perte de la censive. Ce ne fut que très tard qu'on admit que le débiteur supporterait seulement une amende [1].

Si la théorie de Laferrière est exacte en principe, elle peut du moins se discuter sur certains points. Cela nous permettra de dire dès maintenant que si le cens des *Assises de Jérusalem* n'était pas absolument semblable à celui des roturiers de notre Ancien Droit, peut-être tendrait-il à s'en rapprocher par certains de ses caractères ?

C'est de cette dernière idée que s'inspire Ginoulhiac quand il déclare [2], en répondant à Laferrière, que « ce dernier auteur signale encore cette différence, très importante, selon lui, entre le Droit Français et le Droit des Assises, que dans le premier la conces-

1. Guétat, p. 144 et suiv. ; — Brissaud, p. 727 et suiv.
2. Ginoulhiac, p. 474 et 475.

sion d'un fief pouvait être faite à cens, et que cette tenure en censive, qui constituait une classe particulière de biens, les biens roturiers distincts des fiefs, avait donné naissance à une classe correspondante de personnes, les roturiers, tandis que dans les *Assises de Jérusalem* on ne trouve rien de semblable ; de là, dit-il, la grave différence qui existe entre le Droit Féodal des Assises et le Droit Féodal de la France au Moyen Age. Mais, est-il bien certain, parce que les *Assises de la Haute Cour* ne parlent pas des censives, que ce mode de tenure n'existait pas à Jérusalem ? Et, en supposant que cette tenure roturière ne fut pas en usage, peut-on en conclure que cela ait profondément modifié la loi des fiefs qui était tout à fait indépendante de celle de ces biens roturiers ? Ce qui est vrai, c'est que la tenure en censive n'était pas la tenure ordinaire dans les royaumes d'outre-mer, mais elle n'était pas complètement inconnue ; seulement il en est fait mention dans les Assises qui la régissaient, c'est-à-dire dans les *Assises de la Cour des Bourgeois*. »

Ce qui se dégage de cette discussion, c'est que les *Assises de la Cour des Bourgeois* nous parlent d'un cens ; mais il semble qu'il s'agit d'un simple louage, d'une sorte de fermage sans caractère féodal.

Il importe toutefois d'observer qu'à dater de la fin du XIIIe siècle le cens perdit en France son caractère féodal et finit par devenir une sorte de fermage : aussi le seigneur féodal dut-il dans la censive faire rentrer le fermage et les divers colonages [1].

Avant de terminer ce chapitre nous devons faire une remarque: il ne semble pas qu'il soit absolument exact en effet de dire que les *Assises de la Cour des Bourgeois* ne parlent pas des tenures roturières, telles qu'elles étaient nommées dans notre Ancien Droit, puisqu'un texte se sert du mot *fief vilain*. La censive que l'on nommait aussi roture, villenage, fief vilain, était en effet à l'époque féodale la terre concédée par le seigneur à un roturier, à charge de redevances et de services non nobles, et sous réserve du domaine éminent [2]. Toutefois le fief vilain semblait être une concession faite à charge de cens, mais sans obligation d'aucun service de corps [3].

Le texte auquel nous venons de faire allusion est la Charte 25 (*Ass. C. des B.*) qui traite de l'affectation à des Syriens de deux moulins possédés par des ecclésiastiques, pour être détenus par eux à titre de fief vilain. D'après Beugnot, il ne faut voir dans cet acte qu'une réminiscence des usages et du langage d'Europe : le nom de fief ne convient pas à de telles concessions. Ces prétendus fiefs seraient désignés à plus juste titre sous le nom d'encensives comme cela a lieu dans l'*Abrégé du Livre des Assises*

1. Doniol, p. 161. — *Assises Cour des Bourgeois* : *Abrégé du livre des Assises*, 1re partie, ch. XLIV, note *b*.

2. Cf. entre autres : Brissaud, p. 724.; — Glasson, t. IV, p. 286 et suiv.

3. *Assises des Bourgeois*, Charte no 25, p. 506, note *a*.

de la Cour des Bourgeois (1re partie, chap. XLIII et suivants).

En résumé, selon nous, il existait dans le royaume des Latins une classe d'hommes libres, habitants des campagnes, dont la condition était régie par les textes des *Assises des Bourgeois*. Cependant, quant aux tenures roturières, il ne paraît pas que les textes des Assises nous en aient révélé l'existence, du moins en tant que ressemblant à celles de notre Ancien Droit Français. Le cens que nous venons de rencontrer dans les *Assises de la Cour des Bourgeois* était régi par des règles tout à fait spéciales, sans aucun caractère féodal. Il nous semble néanmoins que les rédacteurs des *Assises des Bourgeois* n'avaient peut-être pas complètement perdu de vue la tenure roturière de notre Ancien Droit.

CHAPITRE IV

DES SERVITEURS

SECTION I

Généralités.

Avant d'étudier la condition de cette classe d'après les *Assises de Jérusalem,* nous devons l'examiner dans le Droit Romain et dans notre Ancien Droit.

En Droit Romain, où l'esclavage domestique était la règle générale pour les classes serviles, il semble, d'après certains auteurs, que la *familia* comprenait l'ensemble des esclaves, en y faisant rentrer aussi les *serviteurs* dont la condition était très voisine de celle des esclaves [1].

Dans notre Ancien Droit, lorsque l'esclavage domestique disparut et fit place au servage, il fallut remplacer les anciens esclaves domestiques, car les seigneurs et les bourgeois eurent besoin pour leur service personnel de gens attachés spécialement à eux.

1. Brissaud, p. 1007 et suiv. ; — Wallon, t. III, p. 222.

La *domesticité libre* se constitua donc progressivement à la disparition de l'esclavage domestique; elle suivit le sort de la puissance privée du chef de famille qui diminua à mesure que grandit la puissance publique. L'Etat contrôla l'exercice du pouvoir domestique, et dès qu'il put garantir l'ordre, l'émancipation de l'individu eut lieu d'elle-même. Si la domesticité libre remplaça la domesticité serve [1], les auteurs nous donnent peu de renseignements précis sur la condition de cette classe dans notre Ancien Droit.

A l'époque Mérovingienne, le Roi avait des *serviteurs*, les *ministériales*. Près de lui, nous n'en voyons d'abord qu'un petit nombre pour préparer sa nourriture, prendre soin de ses meubles, de ses chevaux. Puis leur nombre augmenta, car ces services n'avaient rien d'humiliant, et on les recherchait comme un honneur. Les domestiques se rangèrent parmi les principaux fonctionnaires du palais, qui comptaient dans leurs rangs le maire du palais, le comte du palais, les domestiques, les sénéchaux... Ce titre de domestique ne s'appliquait pas du reste à tous les fonctionnaires de la cour, et ils formaient une classe spéciale d'officiers qui composaient la suite du roi, de la reine ou d'une princesse. La loi Ripuaire les place entre les maires et les comtes [2].

1. F. de Coulanges, t. I, p. 23, en note.
2. Brissaud, p. 539 et suiv.; — Tardif, p. 52 et suiv.

A un autre point de vue les domestiques étaient des *officiers royaux chargés d'administrer les biens du roi.* Ils dirigeaient ceux qui étaient employés dans les domaines qu'ils devaient administrer. La classe servile attachée à la glèbe était donc sous leur autorité [1]. Ainsi le *domesticus*, pris dans ce sens, était à l'époque Mérovingienne l'officier qui dirigeait un domaine royal, une de ses immenses fermes ou *villæ*. Souvent les *domestici* étaient soumis à un *domesticus* supérieur qui surveillait l'ensemble de leur gestion. Ils exécutaient les mesures relatives aux *villæ* du prince et ordonnées par celui-ci [2].

Certains auteurs soutiennent même que le mot *vassus*, qui désignait les relations du chef et de son homme, signifiait hôte, compagnon, *domestique* [3]. L'auteur auquel nous empruntons les lignes qui vont suivre cite une assemblée tenue à Epernay en 846 où les seigneurs et les évêques s'adressaient ainsi à Charles le Chauve [4]. « Il nous paraît utile et nécessaire que vous envoyiez par tous les comtés de votre royaume des *missi*... chargés de faire un relevé exact de toutes les terres qui du temps de votre aïeul... étaient spécialement réservées pour le service du roi ou distribuées en bénéfices à ses vassaux,

1. Tardif, p. 117.
2. Glasson, t. II, p. 353.
3. Voir sur cette question : Lehuérou (cf. bibliographie), t. II, p. 137 et suiv.
4. Lehuérou, t. II, p. 138, note *a*.

et de savoir ce que chacun en retient aujourd'hui..., car enfin votre maison ne pourra garder les domestiques dont les soins vous entourent qu'autant que vous serez en mesure de reconnaître convenablement leurs services et de soulager leur indigence ;

« Que chaque juge (ou maire) examine combien de poulains peuvent être placés dans la même étable et combien de gardiens... chargés de leur entretien. Et ceux des gardiens qui sont libres et qui ont des bénéfices sur la ferme elle-même devront vivre de leur bénéfice. Pareillement que les fiscalins qui ont manse vivent de leur manse. Ceux qui n'en ont point prendront leurs provisions dans les nôtres... »

« On voudra bien remarquer », ajoute Lehuérou, « que les hommes libres ont des bénéfices, que ceux qui ne le sont pas ont des manses ; mais la règle est que les uns et les autres, les vassaux comme les colons, doivent être nourris aux frais du maître qui les emploie... » Ainsi les vassaux étaient de véritables domestiques, des familiers, des serviteurs, comme s'expriment d'autres monuments [1] ; des hommes qui « unissaient dans leur personne la dépendance et la liberté des valets, vivant à la table du chef... » En résumé, les relations du vassal et de son seigneur sont celles qui lient le maître et le serviteur, ce dernier étant tenu vis-à-vis du seigneur par une sorte de contrat de louage que le vassal ne peut

1. Lehuérou, *op. cit.*, p. 138 précitée, note *a*.

résoudre à moins de torts graves de la part du seigneur. Le vassal reçoit une certaine somme pour son logement et sa nourriture, ou un bénéfice que le seigneur lui accorde [1]. L'auteur auquel nous nous référons ajoute (p. 156) : « Le vassal, qu'il résidât auprès de la personne de son seigneur et dans sa maison, ou qu'il administrât l'une de ses fermes, n'était que le *serviteur* (serviens), l'*agent* (actor), le *domestique* (domesticus) du maître qui le nourrissait, le payait, et au profit duquel il était censé travailler. »

Certains auteurs, au contraire, rattachent la domesticité libre à la *maisnie*, à la famille prise au sens large du mot, puisqu'elle comprenait même des personnes sans aucun lien de parenté avec le chef [2].

Ainsi Flach, l'auteur des *Origines de l'Ancienne France*, parle d'un groupe qu'il trouve au centre de la famille, de la maisnie. Il comprenait *tous les serviteurs, libres ou serfs*, vivant à la table du maître, nourris, vêtus, entretenus par lui : domestiques qui vaquaient aux offices de la maison ; artisans qui pourvoyaient aux besoins quotidiens du maître et de sa famille, ouvriers attachés aux mille services de l'exploitation agricole, depuis le vigneron ou le valet de labour jusqu'au bouvier ou au pâtre. Flach ajoute que les religieux avaient aussi des serviteurs libres

1. Lehuérou, *op. cit.*, p. 142.
2. Cf. Flach, t. I, p. 262 et suiv., et t. II, p. 455 et suiv.

ou esclaves employés pour leurs services personnels.

Beugnot, dans le *Glossaire* qui suit le tome II, au mot « *maihnée* », fait rentrer dans ce terme tous ceux qui cohabitaient avec le chef de famille ; ainsi les enfants, les parents et les *serviteurs* étaient compris sous cette dénomination, mais *non les vilains ou serfs cultivateurs* [1].

Brissaud [2] les rattache aussi à la famille ancienne, et le maître, dit-il, avait une puissance absolue sur ses esclaves et sur ses domestiques. Ceux-ci avaient des obligations vis-à-vis du maître : le respecter, le protéger. Ils étaient susceptibles d'être corrigés modérément, et pouvaient cesser leurs services pour une juste cause.

Avant de terminer ces généralités sur la domesticité libre, disons que les textes des Assises désignent les domestiques par les termes de *sergent* et de *chamberière*. Nous rencontrons également le premier de ces mots dans un de nos principaux Coutumiers, *celui de Beauvaisis par Philippe de Beaumanoir* qui contient souvent le mot de « sergant » ou « serjant ». Il désigne non seulement la personne au service d'autrui jusqu'à une certaine date et moyennant un prix [3], mais aussi tous ceux qui sont aux

1. Glossaire (*Assises Cour des Bourgeois*), p. 552, *verbo* maihnée.

2. Brissaud, p. 1007.

3. Salmon, Ph. de Beaumanoir, *Coutumes de Beauvaisis*, t. I, ch. I, cf. entre autres le n° 19, et ch. XXIX, n°s 801 à 805 et 822.

ordres d'une autre personne à quelque titre que ce soit, comme délégués, mandataires, ou même qui agissent pour le compte d'autrui sans mandat [1].

Il faut cependant dans ces Coutumes, comme du reste dans les textes des Assises, distinguer ce terme de celui de « *serjant* » pris dans le sens d'*officier délégué du seigneur à certaines fonctions judiciaires* pour l'exécution des jugements [2].

Cette observation et ce rapprochement étant faits, il nous reste à examiner les dispositions que renferment les *Assises de Jérusalem* sur la domesticité libre.

SECTION II

Caractères et Condition de la Classe des Serviteurs.

Nous rencontrons en effet dans les *Assises de la Cour des Bourgeois* (sauf un seul texte tiré des *Assises de la Haute Cour*), les seuls renseignements que nous présente la législation du Moyen Age sur la condition des serviteurs à gages ou domestiques. Ils ne se rapportent du reste qu'à la société fondée par les Latins en Orient et n'offrent pas un caractère général.

1. Ph. de Beaumanoir, *Coutumes de Beauvaisis*, *op. cit.*, t. I, nos 806 à 813 inclus.

2. Ph. de Beaumanoir, *Coutumes de Beauvaisis*, *op. cit.*, t. I, p. 412, note 1. Cf. et comparer avec *Assises des Bourgeois*, ch. VI. (*Abrégé*, 2e partie.)

A côté de l'esclavage, très développé dans le royaume des Latins, se trouvaient donc la *domesticité libre*, les *serviteurs à gages*. On pourrait s'en étonner, et Beugnot pour expliquer cette particularité nous fait remarquer [1] que ces serviteurs gagés appartenaient aux *bourgeois* venus des villes les plus importantes de l'Europe, où l'esclavage n'existait plus, et était remplacé par la domesticité. Bien qu'acheteurs d'esclaves Sarrasins ou Syriens, ils attachaient surtout à leurs services personnels des *serviteurs à gages,* et ils avaient en plus l'avantage de pouvoir les emmener avec eux à leur départ en Europe. Les *seigneurs* en possédaient également qu'ils attachaient à leurs services personnels, mais ils avaient quand même des esclaves domestiques, puis, pour la culture de leurs terres, des serfs.

Du reste, la condition de ces serviteurs est soigneusement décrite par quelques textes des *Assises de la Cour des Bourgeois*.

Le chapitre LXXXVII nous donne la définition du contrat de louage, par lequel on prenait une personne à son service moyennant le paiement de gages. Ce texte est écrit en latin : « *Locatio est quando* « *aliquis locat alicui opera sua. Conductor est ali-* « *quis qui conducit, id est, pretio ducit opera alterius...* » Le contrat de louage consistait donc de la part d'une personne, le maître, à prendre à son service une

1. Introduction : *Assises de la Cour des Bourgeois*, p. 44, et ch. LXXXVIII, note *a*, p. 68.

autre personne, le domestique, pour un certain temps et moyennant une rémunération, le prix.

Ce texte est suivi de cinq autres (LXXXVIII-XCII inclus) qui précisent les caractères de ces serviteurs à gages. Ils étaient désignés par les mots de *sergent* ou de *chamberière* ou de *chanberiere* ou enfin de *chambriere*.

Le premier de ces chapitres (ch. LXXXVIII, *Livre des Ass. de la C. des* B.) traite de « quel poeir le seignor a vers son sergent, et le sergent vers luy ».

Il suppose un contrat de louage de services à terme : un homme ou une femme avait gagé un « sergent ou une chamberiere *à terme noumé...* » Or le le maître ou sa dame pouvait, d'après ce texte, rompre le contrat, renvoyer le serviteur avant l'arrivée du terme : « il li peut doner congé, quant il veut, au sergent ou à la chanberiere qu'il aura retenu, par ce qu'il le deit paier de tant com il aura servi... », une seule condition était exigée, le paiement du salaire jusqu'au jour du renvoi.

Tout au contraire le serviteur ne pouvait quitter son maître, par conséquent rompre le contrat, avant le terme auquel la durée dudit contrat se terminait : « le sergent ni la chanberiere ne se peut partir de son seignor jusque à son terme, se le sire ou la dame ne veut... » En un seul cas ce principe était violé, c'était celui où le serviteur voulait passer « outremer » : le maître ne pouvait pas le retenir et il était tenu de lui payer ce qu'il lui devait jusqu'à la date où il l'avait quitté : « la raison coumande que le sire ou la dame qui l'aura retenu est tenus de doner li congé, puisqu'il veut passer outremer, et le deit payer de tant com il aura esté entor luy... » Mais cette exception mise à part : « se il ne veut passer outremer, le sire ou la dame ne li donra jà congé, ce il ne viaut, jusque à son terme... »

La fin de ce texte vise les conséquences qui résultaient du fait par le domestique gagé de quitter son maître sans son autorisation. Il était considéré comme ayant « tot premier mentie sa fei... », et de plus il perdait tout droit au gage qui lui était dû. Si on pouvait le retrouver il devait avoir : « percée la main o (avec) un fer chaut, o quelle il jura de maintenir son seignor ou de faire son service jusque à un terme nomé, et puis s'en parti et renea Dieu, puisqu'il menti sa fei... »

Il est intéressant de comparer ce chapitre LXXXVIII avec le chapitre XXXI, n° 3, des *Bans et Ordonnance des rois de Chypre* où il est traité des vilains fugitifs : ils ne subissent aucune peine.

Beugnot fait remarquer [1] l'assimilation de la faute commise par le domestique dans le cas précédent à la félonie féodale, et il déclare qu'il est difficile de l'expliquer étant donnée la peine excessive dont on frappait le coupable.

Laissant de côté le contrat de louage de services,

1. Ch. LXXXVIII, précité, note *b*.

le chapitre LXXXIX traite : « du sergent ou de la chanberiere c'on a retenu, et il font aucun treuve, et de qui deit estre cele treuve... » le maître devait en avoir la moitié. Le texte ajoute que si un serviteur accompagnait son maître au combat « en ost, ou dehors la terre, et il gaaigne, de tout quanque il gaaignera doit aveir son seignor ou sa dame la mite, par droit ; *quia si quid ex prospera fortuna obvenit conducto libero, Suriano usu medietas adquiritur domino, et alia medietas adquiritur sibi*[1] ».

A un autre point de vue le chapitre XC s'occupe du vol dont un serviteur s'est rendu coupable vis-à-vis de son maître « qui enble ce de son seignor et s'enfuit ». Un serviteur quittant son maître sans son autorisation emporte un objet lui appartenant : si le voleur est pris il est puni sévèrement : « Et ce celuy ou cele qui ce prist puet estre pris, si deit estre par dreit condampnés de son cors, en tant con ce valeit que il prist... » Si le maître retrouve seulement la chose volée aux mains d'un tiers, celui-ci devra la lui remettre à la condition que celui qui prétend avoir été volé « deit jurer sur sains que il ne vendi ne douna cele chose qu'il a trovée, mais que enci li avoit emblé le sergent ou la chanberiere... »

Si le serviteur pouvait être poursuivi pour vol, le chapitre XCI (*Ass. des B.*) le considère aussi comme

1. Cette façon de terminer un texte par une citation Latine est d'un usage courant pour les rédacteurs des Assises.— Cf. sur ce point *Thèse Marque*, p. 16.

responsable de l'objet que son maître lui avait confié. Un maître pouvait en effet avoir remis un objet à son serviteur, et ce dernier le perdait, de quoi était-il responsable ? Il devait réparer le tort qu'il avait pu faire, ou rendre une chose de même valeur : « *quia servientes de rerum negligentia sibi commissarum omnimodo tenentur suis dominis.* »

Il nous reste à étudier le chapitre XCII sur le droit de correction dont pouvait user le maître vis-à-vis de son serviteur. Il admet en principe que le maître a certainement le droit de frapper son domestique ou sa servante. S'il le fait d'une façon modérée, le serviteur ne peut s'en plaindre devant la Cour : « S'il avient que uns home ait retenu un sergent ou une chambriere, et se courouse à son sergent ou à sa chamberiere, et il li done une bufe[1], et il s'en clame à la cort par l'asize, la raison comande que jà por bufe son seignor ne sa dame ne li fera asize... » Mais le texte s'oppose formellement à l'abus que le maître peut faire de ce droit : « Mais se le seignor ou la dame bateit ou faiseit batre à desmesure son sergent ou sa chamberiere, ou li faiseit cop aparant, et il s'en clamet à la cort, l'asize et la raison coumande qu'il en ait auci bon dreit coume d'un estrangier ; *quia non verberibus atrocibus et injuriis, sed levi-*

1. Terme qui s'entendait aussi bien d'un coup que d'un simple soufflet : nous devons le prendre ici soit en ce dernier sens soit en celui de léger coup.

bus et verbis mitissimis debent servientes a suis dominis admoneri ac castigari. »

Nous voyons donc que le Droit des Assises contient des restrictions fort justes apportées au droit de correction du maître. Ce dernier pouvait réprimander son serviteur, le punir même, sans exercer sur lui aucune violence ; sinon le serviteur pouvait se plaindre devant la Cour et celle-ci devait faire droit à sa demande et sanctionner sa plainte.

Pour être complet sur ce sujet, citons le chapitre CXXXVIII qui prononce pour le domestique l'incapacité d'être témoin à moins qu'il n'ait juré au préalable n'avoir pris aucune part à la querelle.

Quant aux *Assises de la Haute Cour*, Beugnot affirme que les textes n'ont jamais cité les serviteurs libres [1]. Cependant les seigneurs, en plus de leurs esclaves et de leurs serfs devaient posséder des serviteurs. Aussi un texte des *Assises de la Haute Cour* contient-il le mot « chamberiere ». Il s'agit du chapitre CXIV du *Livre de Jean d'Ibelin* où l'auteur traite une question de Droit Pénal. Un homme frappant une autre personne « li fait cop apparant », le texte précise la peine à subir en ce cas et déclare dans sa dernière partie : « Et se home bate ou fiert sa feme, ou sa feme bat lui, ou se aucun d'iaus le fait à son fiz ou à sa fille, tant com il sont familians..., ou à

1. Ch. LXXXVIII, note *a* : *Assises Cour des Bourgeois*, p. 68.

son serf ou à sa serve ou à sa *chambriere*, et il se claime par la ditte assise, il ne elle n'est pas tenus de paier la peine dessus devisiée : por ce que tel maniere de gent ne se pevent clamer par l'assise, car il en sont exceptés. » Si donc un maître avait battu sa servante (remarquons que *stricto sensu* le texte ne parlait pas du serviteur), il ne subissait aucune peine de ce chef. Ce texte présente une certaine ressemblance avec le chapitre XCII des *Assises de la Cour des Bourgeois,* mais ici nous ne voyons aucune distinction au sujet de la gravité des coups portés par le maître : en conséquence les dispositions qu'il contient sont plus rigoureuses pour les serviteurs que celles des *Assises de la Cour des Bourgeois.*

Beugnot est du reste plein de compassion pour cette classe, et il ne peut pas comprendre comment les bourgeois ou les seigneurs avaient pu se procurer des gens ainsi résignés à accepter une telle condition sociale [1]. Pour nous, en mettant à part le cas où le serviteur qui s'enfuyait avant l'expiration de son contrat était frappé de la peine cruelle que nous savons, et celui qui permettait au maître de renvoyer son serviteur quand il le désirait, les dispositions précédentes n'étaient pas si dures, si cruelles que Beugnot semble l'indiquer. Les serviteurs étaient tenus de respecter leur contrat : quant aux dispositions qui avaient pour objet le vol et l'abus de con-

1. *Introduction*, p. 44. *Assises de la Cour des Bourgeois.*

fiance, elles étaient fort naturelles. Enfin le droit de correction n'était pas illimité, et il était atténué par des dispositions restrictives que le maître ne devait pas dépasser.

CHAPITRE V

ESCLAVES AGRICOLES, SERFS ET VILAINS

SECTION I

A. — Généralités.

Ces trois mots désignent en effet la composition de la classe servile, qui cultivait la terre dans le Royaume des Latins. Ces différents termes nous montrent déjà les difficultés que nous éprouverons à caractériser cette classe agricole dont les éléments sont variés et imprécis. Aussi pour définir cette partie des classes inférieures, nous faudra-t-il étudier la genèse de ces trois expressions et essayer ensuite de les préciser.

Commençons par remarquer que parmi les explications qui vont suivre, les unes s'appliquent à de *véritables esclaves agricoles*, les autres semblent viser indirectement des *serfs* dont la condition rappelle par certains points celle des serfs de notre Ancien Droit. Quant aux vilains, nous verrons si leur condition n'a pas beaucoup d'analogie avec celle des esclaves agricoles qui existaient simultanément avec l'esclavage domestique dans les temps les plus anciens.

Cette différence entre le servage et l'esclavage est classique : Doniol [1] nous dit qu'il y avait originairement deux états de servitude. « Le premier, organique pour ainsi dire, représentant ce que les choses exigent pour que la production soit possible au cultivateur et assurée à la société, admet des situations diverses, mobiles comme les choses elles-mêmes, et a un caractère évident de généralité ; le second, exceptionnel, qui vient de la force, est sans règle protectrice et n'a de degrés que dans la volonté arbitraire du maître. Dans l'histoire, esclavage correspond au dernier, et servage à l'autre de ces états. » Du reste, ajoute cet auteur, ces deux conditions ne tardèrent pas à aboutir à une confusion de leurs caractères particuliers.

Cette distinction posée, notre but est de préciser la condition au point de vue historique des trois classes déjà citées, avant de les étudier par rapport au royaume des Latins et d'après les *Assises de Jérusalem.*

B. — Historique.

Dans le Droit Romain Ancien on peut affirmer que les esclaves domestiques formaient la majorité, mais il y avait aussi des esclaves agricoles.

Dans les campagnes, ils étaient employés comme les instruments les moins coûteux et les plus utiles

1. Doniol, *Histoire des classes rurales en France*, p. 4.

à la culture [1]. Cependant, certains auteurs affirment qu'en principe les Romains n'avaient pas d'esclaves cultivateurs, de même que les Germains n'en avaient pas de domestiques.

Ces deux affirmations sont exagérées ; du reste l'un des auteurs se rangeant à cette opinion [2] ajoute que Caton parle de ceux avec qui il se livrait à l'agriculture, et Pline affirme que ses esclaves ruraux buvaient dans les champs le même vin que lui.

Mais, pour cet auteur, ces esclaves ne perdaient pas le caractère propre de la domesticité et ne ressemblaient en rien aux esclaves agricoles des Germains. Du reste ces deux peuples adoptèrent certaines de leurs coutumes réciproques ; les Romains eurent des esclaves attachés à la glèbe et les Germains des esclaves domestiques.

Le droit Gallo-Romain conserva cette distinction. Les esclaves ruraux étaient désignés sous les noms de *villici, servi rustici*... [3]. Mais les peuples Germains étaient ceux où les esclaves agricoles formaient la grande majorité de la population servile.

Or ceux-ci n'étaient autre chose que des espèces de colons auxquels étaient imposées certaines redevances et qui sous la puissance du maître avaient cependant une liberté relative.

1. Gibbon, t. I, ch. II, p. 25; — Ch. Giraud, *Histoire du Droit Français au Moyen Age*, t. I, p. 156 et suiv.
2. Perreciot (cf. bibliographie), t. I, p. 116 et suiv.
3. Laferrière (cf. bibliographie), t. II, ch. VI, p. 425.

Il ne faut pas oublier aussi qu'à côté de ces esclaves agricoles existait la classe des colons, tant en Droit Romain qu'à l'époque Gallo-Romaine. On a même voulu assimiler les esclaves agricoles des Germains aux colons ; mais on a fait remarquer avec raison que ceux-ci n'étaient pas des hommes libres, mais des serfs tenanciers de certaines terres, par conséquent ils n'étaient pas libres, mais esclaves [1].

Il faut aussi remarquer que l'esclave agricole est souvent désigné par le mot serf, et celui-ci sera en quelque sorte un esclave, jusqu'à la période Féodale où il commence à avoir une condition meilleure.

Progressivement en effet et par suite de la douceur des mœurs du Christianisme et de celles des autres nations Germaniques, la condition des esclaves agricoles se transforma en servage, c'est-à-dire en un assujettissement à la terre [2]. De leur côté les esclaves domestiques ont à peu près disparu dès le milieu du VIIe siècle : ils passèrent, disent même certains auteurs, à la culture servile des terres. Quant à ce servage réel, suite du servage personnel, il « combinait en lui l'esclavage romain et la servitude germanique en ce sens que, conformément aux traditions germaniques, le tribut ou les redevances des serfs envers leurs maîtres étaient fixes, et que,

1. Fustel de Coulanges, t. II, p. 250 et suiv. ; — Guizot, cf. bibliographie, t. IV, 8e leçon, p. 1 et suiv.
2. Cl. Fleury, t. I, p. 37.

conformément aux traditions romaines, les services et les corvées étaient illimités » [1].

Ce servage se précisa peu à peu et aux XIe et XIIe siècles, dates auxquelles nous nous plaçons pour l'étudier dans les *Assises de Jérusalem*, il se présente avec toute sa rigueur dans notre Ancien Droit.

Jusqu'ici nous avons parlé des *esclaves agricoles*, des *serfs* ; il nous reste à examiner la classe des *vilains* d'après notre Ancien Droit.

Nous croyons cette explication utile, car le mot « *vilain* » peut être pris dans des sens différents. Nous avons vu en étudiant la classe des *roturiers* que celle-ci comprend d'une part les *habitants des villes ou bourgeois*, et d'autre part les *habitants libres des campagnes* possesseurs de tenures roturières ou *vilains* [2]. Mais certains textes du XIIIe siècle prennent ce mot *dans le même sens que celui de serfs* [3] : c'est en effet celui qu'il a presque toujours dans les *Assises de Jérusalem*.

Dans le Droit Féodal Français il y a entre les *vilains* et les *serfs* des différences sensibles. « Les vilains ne sont mie serfs, comme le dit avec raison un ancien coutumier, et ils jouissaient de tous les droits civils et de quelques autres droits, d'ester en justice comme témoins et comme juges..... les charges

1. Laferrière, *op. cit.*, t. III, p. 387.
2. Cf. le chapitre où il a été traité des roturiers.
3. Esmein, p. 241.

auxquelles ils sont soumis se rattachent à leur condition de tenanciers ou de censitaires... [1] » Il en résulte donc que dans notre Ancien Droit les vilains ne sont pas des serfs.

Un autre auteur [2] déclare « *vilanus*, c'est-à-dire habitant des *villae*, censitaire, censuel, c'est-à-dire inscrit, recensé au rôle des cens de la seigneurie, hoste [3], estagier, coutumier, homme, roturier ; sous ces désignations, sous d'autres encore qui lui furent données soit au commencement, soit dans le cours de sa trop longue carrière, le vilain-cultivateur a porté en tant que libre non gentilhomme, conséquemment non imposable, le poids de ce genre de redevances éminemment privées... » Du reste le vilain différait du serf sous plusieurs rapports : il pouvait disposer de sa tenure à condition de payer certains droits : il pouvait transmettre ses biens à ses héritiers : il n'était pas taillable à merci sauf aux cas où le vassal aurait pu être contraint au paiement des aides [4].

Nous allons montrer au contraire que c'est dans le *sens de serf* que le terme *vilain* est pris dans les *Assises de Jérusalem*. Nous verrons aussi que certains vilains nous sont présentés non pas comme des serfs, mais comme des *esclaves affranchis*.

1. Ginoulhiac, p. 263.
2. Doniol, p. 116 et suiv.
3. Hommes libres de basse condition, tenanciers à titre de jouissance ordinairement précaire d'une habitation et d'un terrain moyennant des redevances fixes.
4. Cf. Glasson, t. IV, p. 413.

SECTION II

Généralités sur les Esclaves Agricoles, les Serfs et les Vilains dans le Royaume des Latins.

Quelle situation occupaient ces classes agricoles dans le royaume des Chrétiens? Il existait en Palestine, quand les Croisés s'en emparèrent, deux classes de personnes [1] : « la classe agricole dont la situation ressemblait beaucoup à celle des serfs d'Europe, et une classe supérieure qui habitait les villes et les bourgs ». Aussi « les conquérants qui avaient transporté les lois de leurs pays dans cette contrée, pouvaient sans danger appliquer à la classe agricole la partie de ces lois qui se rapportait au servage. Mais la classe supérieure exerçait trop d'influence dans le pays, et était trop attachée à ses usages pour qu'on pût la refouler dans les rangs des serfs. »

C'est une partie de cette classe agricole que Jean d'Ibelin a étudiée sous le nom de *serfs ou vilains*, dans quelques chapitres malheureusement trop peu nombreux [2]. « Ce jurisconsulte, puissant seigneur, n'a pas daigné étudier d'une façon plus complète cette classe agricole. S'il a examiné quelques caractères particuliers de la condition servile, c'est dans l'intérêt des seigneurs, pour leur montrer comment

1. *Livre de Jean d'Ibelin*, t. Ier des Assises, ch. IV, note *d*.
2. *Livre de Jean d'Ibelin*, ch. CCLI à CCLV.

ils doivent poursuivre leurs serfs fugitifs, quelles règles ils doivent adopter pour l'échange de ces malheureux et à qui reviennent les enfants nés d'un mariage contracté entre deux serfs appartenant à des seigneurs différents. »

Beugnot, qui s'occupe de cette question [1], nous dit que d'Ibelin ne parle pas de l'affranchissement, paraissant ne voir dans les serfs que des instruments de travail, ce qu'on appellerait à notre époque des éléments de production.

Dans une note fort intéressante, il décrit aussi la composition de la classe agricole dans le *royaume de Chypre* [2]. Elle était divisée en plusieurs catégories dont deux, celles des Lefteri et des Parici, étaient communes à l'Empire grec.

Il en indique *cinq catégories*. La première est celle des *Parici ;* ce sont de véritables esclaves cultivateurs qui « paient au souverain un impôt personnel et fixe, et doivent à leurs maîtres le tiers de la récolte et deux jours par semaine de service ». Ils pouvaient être vendus, donnés, échangés, punis, mais non pas condamnés à mort, ni à un supplice amenant l'effusion du sang.

La deuxième est celle des *Lefteri*. Ce ne sont pas des esclaves, mais nous en plaçons cependant la description dans ce cadre général des classes agri-

1. *Introduction aux Assises, Haute Cour*, p. 61.

2. *Assises de la Haute Cour, Livre de Jean d'Ibelin*, ch. CXXXII, note *a*.

coles en Chypre. C'étaient des affranchis, et ils avaient ainsi que leurs enfants nés depuis l'affranchissement une liberté complète. « Ils devaient rendre à leurs anciens maîtres une portion des produits de tous les biens dont ils devenaient propriétaires. »

Puis viennent les *Albanesi ;* ils descendaient des soldats pris en Albanie pour garder l'île contre les corsaires. Ceux qui n'étaient pas occupés à ce service cultivaient les terres comme les Lefteri.

Les *Venetiani-Bianchi*, soldats qui avaient accompagné le doge Vital Michiele à la Terre Sainte et étaient restés dans l'île de Chypre. Le roi Guy leur donna des terres qu'ils cultivaient presque en franchise, car ils ne payaient au seigneur qu'un simple droit de reconnaissance.

Enfin les *Perpirarii :* « libres quant à leurs personnes, et esclaves quant à leurs biens ». Leur condition tenait de celle des Parici et des Lefteri.

Beugnot ajoute « quand d'Ibelin se sert du mot esclave il parle d'un Parico, et lorsqu'il emploie l'expression de vilain il désigne un cultivateur des quatre autres catégories [1] ». Malheureusement d'Ibelin ne nous parle pas souvent des vilains en Chypre ; il en traite dans les chapitres CCLI et suivants, mais il s'agit surtout d'esclaves agricoles et non pas d'affranchis.

1. Cf. Mortreuil, *Histoire du Droit byzantin*, t. III, p. 55. — Cf. aussi bibliographie citée à la note *a* du ch. CXXXII précité du *Livre de Jean d'Ibelin.*

Le même *Livre de la Haute Cour* nous renseigne sur l'état des vilains en *Syrie*. Ici ce mot était pris au sens de serf et dans l'acception la plus dure de ce terme, surtout en celui d'esclave agricole. En effet, « l'état des cultivateurs de la Syrie (serfs, vilains), n'était pas si varié qu'en Chypre et ressemblait beaucoup à l'esclavage pur ». Les Croisés établis en Syrie achetaient et possédaient ces esclaves agricoles comme les habitants du pays eux-mêmes [1]. « Les seigneurs chrétiens trouvèrent, dans cette partie de l'Asie, les terres exploitées pour le compte des Turcs et des Syriens par des esclaves indigènes, qui étaient musulmans, grecs ou chrétiens. Il existait en outre, dans les campagnes, des tribus nomades de Bédouins... qui se livraient aussi à l'agriculture. »

Du reste, cet esclavage agricole n'éprouva dans ces pays aucun changement en passant sous la domination des Chrétiens [2], et les vilains dont parle d'Ibelin étaient surtout des serfs, des esclaves qui cultivaient les fiefs des seigneurs.

Beugnot ajoute que cette classe agricole de la Syrie, bien qu'elle ait eu à souffrir de la puissance des Turcs, fut toujours ennemie des Croisés, ce qui prouve que ceux-ci ne surent pas améliorer le sort de cette partie de la population servile. D'après le

1. *Assises de la Haute Cour*, ch. CCXXXII, note *a*.
2. Mortreuil, *Histoire du Droit byzantin*, t. III, p. 56 ; — *Assises de la Haute Cour*, ch. CCLI, note *b* et note *a*.

Patriarche de Jérusalem, en 1244, lors de l'invasion des Khouahrezmiens, ces cultivateurs s'unirent pour adhérer à la révolte de ce peuple.

En définitive, ces cultivateurs qui exploitaient des terres pour le compte des infidèles et des Syriens, esclaves musulmans, grecs ou chrétiens, formaient le servage de la glèbe avec des règles qui étaient plus dures qu'en Occident et empruntées en grande partie au Droit Romain [1].

Quant aux *Assises de la Cour des Bourgeois*, elles nous parlent dans la plupart de leurs textes des esclaves domestiques, et nous trouvons parfois le mot serf pour les désigner : la cause en est que ce terme de serf, *servus*, désigne souvent l'esclave en général, qu'il soit domestique ou agricole. Cependant nous rencontrons aussi dans plusieurs chapitres de ces Assises des dispositions spéciales aux vilains, aux serfs.

Nous avons fait remarquer que les seigneurs ne changèrent rien aux règles de l'esclavage agricole, et nous montrerons même qu'ils y ajoutèrent des dispositions empruntées au Droit Féodal le plus rigoureux. Cela peut s'expliquer, car le pouvoir des seigneurs sur leurs hommes de corps, étant le fruit d'une victoire récente, était sans limite légale. D'après Beugnot, les serfs d'Orient ressemblaient à ceux dont Beaumanoir a dit que leur seigneur avait

1. Glasson, t. VII, p. 31.

sur eux droit de vie et de mort « et les cors tenir en prison toutes les fois que il leur plest soit à tort soit à droit [1]. » Notre commentateur exagère un peu selon nous, mais il est certain que, comme nous l'avons déjà dit, la condition des serfs était très dure, puisqu'elle ressemblait à celle des esclaves agricoles. Il est douteux qu'on puisse dire que les terres dans le royaume Latin étaient cultivées par des vilains prêtant hommage au seigneur, ou par des serfs de la meilleure condition [2].

Terminons en remarquant qu'avec ces classes agricoles est venue très probablement se confondre celle des cultivateurs étrangers qui, poussés par l'attrait des pays conquis, y affluèrent.

Nous avons traité le point de savoir si les serfs entraient dans la composition de l'armée de la première Croisade et nous avons admis leur existence sinon dans l'armée même, du moins dans la foule qui la suivait et dans les émigrations postérieures. Il est difficile de dire que, soit dans cette première expédition, soit dans celles qui la suivirent, les seigneurs ne furent pas accompagnés de quelques-uns de leurs serfs. Les avaient-ils affranchis comme certains le prétendent ? Il est évident que beaucoup le furent avant le départ, mais il est aussi admissible de dire que tous ne le furent pas. Enfin, il n'est pas trop

1. Cf. *Assises de la Haute Cour*, ch. CCLV, note *a* ; — Beaumanoir, t. II, ch. XLV, n° 1452.

2. Cf. *Assises Cour des Bourgeois*, p. 137.

hardi d'ajouter que les seigneurs français en possession de fiefs eurent besoin pour les organiser de placer auprès des serfs, des esclaves agricoles indigènes, quelques-uns de ceux de leurs pays. On ne peut être précis sur ce point, mais les textes des Assises, du moins quelques-uns d'entre eux, montrent que notre Ancien Droit Féodal a eu une certaine influence sur la condition des serfs dans le royaume Latin : d'où des dispositions diverses que nous allons étudier.

SECTION III

De la Condition de la Classe Serve dans le Royaume des Latins.

A) *Au point de vue du lien qui relie le serf à la terre à laquelle il est attaché.*

Nous trouvons en cette matière l'idée très nette en vertu de laquelle l'esclave agricole, comme le serf et le vilain, dépendait intégralement du domaine auquel il était attaché. C'est dans ce sens qu'ils sont envisagés par les textes des Assises, et cette idée y est portée à son plus haut degré.

D'Ibelin considère en effet les serfs[1] comme fai-

1. Nous prenons ici le mot *serf* dans un *sens très large*, en y faisant rentrer les *esclaves agricoles* et les *vilains*. Pour ces derniers nous ferons remarquer au fur et à mesure de notre étude les textes où ils paraissent se rapprocher des serfs de notre Ancien Droit.

sant partie du fief lui-même, à un tel point qu'ils servaient comme moyens de preuves au cas de possession contestée d'un fief, d'une partie d'un fief, ou d'une chose de ce fief. Cette preuve pouvait consister en un acte de propriété fait devant la cour, et cela suffisait pour certifier la saisine. Pour établir son droit il suffit que le réclamant démontre avoir « user dou fié en aucune autre manière, si come l'on peut et deit user de fié, ce est de requerre en court aucune chose de son fié, terre ou *vilainz*,... » c'est-à-dire recherché devant la cour la propriété de vilains, de serfs comme faisant partie de son fief [1].

Ce lien qui unissait le serf, le vilain au sol faisait naître de nombreuses revendications en justice au sujet du droit de propriété du maître. Philippe de Novarre s'occupant des « requestes qui se font par recort de cour... », c'est-à-dire au moyen de témoins, visait le cas où une personne réclamait un fief ou une partie seulement du fief, où la propriété de « vilains en terre... », de vilains qui dépendaient d'un fief [2].

Un peu plus loin, ce même jurisconsulte parle d'un seigneur qui veut que son homme lige ne détienne aucune chose appartenant à lui seigneur « si come *vilains, bestes ou aucun autre meuble*... ». Or le seigneur réclame la propriété d'un vilain et

1. *Assises de la Haute Cour, Livre de Jean d'Ibelin*, ch CLXIII et CLXVII.

2. *Assises de la Haute Cour, Livre de Philippe de Novarre*, ch. XXIII.

l'homme répond qu'il ne l'a pas sur sa terre ; il devra s'engager à le rendre au seigneur s'il le retrouve. Remarquons cette assimilation des vilains aux animaux et aux autres meubles, ce qui prouve qu'ils sont considérés comme des esclaves agricoles, de vraies choses, des « *res* » [1]. Nous trouvons ce même rapprochement dans les *Bans et Ordonnances des rois de Chypre* (chapitre XXXI, n° 4). « Tous les *vileins* ou *vileines* et *esclas* ou *esclaves et toute manière de bestiaill*, et *chiens* et *oiseaus* [2]... » Remarquons que le texte prend soin de distinguer nettement les vilains des esclaves, quoiqu'ils soient également traités.

Philippe de Novarre revient sur ce droit de propriété du seigneur sur les vilains de son fief dans le chapitre LXV. Il suppose qu'une personne réclame la propriété d'une chose de son fief, par exemple d'un vilain : si le réclamant ne peut se prévaloir d'un privilège du seigneur ou s'il ne prouve son droit par témoins, il obtiendra difficilement satisfaction « et pour ce fu faite l'assise dou remuement des villains, et grant peché est quant elle n'est tenue » [3].

D'autre part, ce qui prouve cet attachement à la terre, c'est que lorsqu'il était fait donation ou échange

1. *Assises de la Haute Cour, Livre de Philippe de Novarre*, ch. XLIII.

2. *Assises Cour des Bourgeois*, p. 376 et 377 : *Bans et Ordonnances des Rois de Chypre*, ch. XXXI, n° 4, « *L'asise des larrons dou bestiaill* » *in fine*.

3. Cf. postérieurement l'étude que nous ferons du ch. CCLI du *Livre de Jean d'Ibelin*.

d'une tenure dont dépendaient des serfs, ceux-ci étaient compris dans l'acte et transférés au nouveau propriétaire. Ainsi nous trouvons une charte de Hugon, roi de Chypre, contenant donation à l'Eglise et au Saint-Sépulcre d'un domaine voisin de la ville de Paphos avec tous les champs qui en dépendent et de cinq vilains avec leurs femmes et leurs enfants nés ou à naître, tout ce qui leur appartient et le produit des *chevages* dont ils sont tenus [1]. Beugnot dit même que cette charte prouve que la législation sur les esclaves agricoles d'Orient était identique à celle qui régissait les serfs d'Occident. Sans aller si loin dans cette affirmation, il est intéressant de remarquer l'emploi du mot chevage. Dans notre Ancien Droit, c'était une capitation, une somme fixe, que le serf payait tous les ans au seigneur à une date déterminée. Il y avait là une sorte de reconnaissance de l'état de servitude du serf : la somme payée était peu élevée, deux ou quatre deniers ou même quelques livres de cire [2]. Quelle était dans les Assises la valeur et la nature de ce terme ? Il s'agit bien là d'une somme due par le serf, mais il est difficile de préciser cette expression, car on la rencontre seulement dans la note de Beugnot à laquelle nous nous référons.

Une autre charte de l'année 1128 mentionne en-

1. *Assises de la Haute Cour, Livre de Jean d'Ibelin*, ch. CCLI, note *b*.

2. Cf. Esmein, p. 228.

core une donation de Balduin II, roi des Latins, à l'Eglise du Saint-Sépulcre et à certains de ses Chefs d'un bien du nom de Cafermelech avec toutes ses dépendances et les vilains qui y sont attachés, sauf ceux qu'un certain Romanus de Podio avait transportés en sa terre de Betheflore[1]. Ce texte prouve qu'ils faisaient bien partie de toute donation de ce qu'on appelait « *un casal* », d'une ferme, d'une métairie ou d'un village avec ceux qui l'habitaient et qui, comme les vilains, en dépendaient étroitement[2]. Ceci nous permet de remarquer avec Beugnot, que les seigneurs transféraient leurs vilains d'un domaine, d'un « *casal* » sur un autre.

Si nous raisonnons par analogie avec notre Ancien Droit, ces donations aux Eglises furent fréquentes pendant la période Mérovingienne. Elles consistaient aussi en domaines, en forêts, en serfs, etc. Elles étaient faites par les rois, et les biens donnés étaient détachés du domaine royal ou provenaient de confiscations [3].

Nous retrouvons ces dispositions pour l'échange des terres. Le roi pouvait en échanger à l'Eglise

1. *Assises Cour des Bourgeois*, charte n° 10, p. 488, et note *a* (cf. Appendice).

2. Cf. *Glossaire, fin des Assises de la Cour des Bourgeois*, verbo *casal*. — Les Latins dans les *Chartes de l'Appendice* de ce livre donnent ce nom à des terres cultivées, fermes, villages habités par des Syriens ou des Arabes, et comme l'emploi leur en paraissait en ce cas peu exact ils préviennent qu'il n'est donné que par extension aux établissements ruraux de la Syrie.

3. Tardif (cf. bibliographie), p. 146.

contre de l'argent. Une des formules de l'Appendice de la *Cour des Bourgeois* nous montre [1] le roi comprenant dans cet échange non seulement les terres, de quelque nature qu'elles soient, mais même ce qui en dépendait, entre autres, les vilains et les vilaines.

Etant donné ce lien étroit qui unissait le serf à la terre dont il dépendait, il n'est pas étonnant de rencontrer dans les textes de nombreuses dispositions concernant les serfs fugitifs, car ceux-ci faisant partie intégrante du domaine sur lequel ils se trouvaient, y étaient attachés à perpétuelle demeure. Ces serfs ressemblaient à ceux que nous trouvons en France sous la dénomination de serfs de corps et de poursuite, au début du régime féodal : s'ils s'enfuyaient des terres auxquelles ils étaient attachés, ils devaient être renvoyés à leur maître par les autorités sur le territoire desquelles ils s'étaient réfugiés. Cependant ces règles furent atténuées et le droit du seigneur se réduisit à forcer l'homme de poursuite qui ne revenait pas à lui payer la taille par la saisie de ses biens soumis à la mainmorte [2].

C'est ce cas des serfs fugitifs que Jean d'Ibelin examine dans son chapitre CCLI. Il suppose un propriétaire de vilains ou de vilaines qui les réclame à quelqu'un les possédant dans sa terre ; ce dernier

1. Formule 21, p. 387.
2. Beaune (cf. bibliographie), p. 238 et suiv. ; — Esmein, p. 227.

doit les rendre à celui dont ils dépendent avant huit jours. Si la personne à laquelle on les réclame répond qu'ils ne sont pas en son domaine, elle doit jurer que si elle peut les avoir dans le délai de quinze jours, elle les fera parvenir au seigneur ou aux personnes désignées à cet effet. Les quinze jours passés, si les vilains n'ont pas été renvoyés, celui à qui on les réclame devra jurer qu'il les fera parvenir au seigneur ou aux personnes désignées pour les recevoir, s'il peut les retrouver. Mais, s'il est certain qu'ils sont dans sa terre et s'il ne les remet pas, le seigneur ou son préposé peut d'office les prendre dans son domaine pour les rendre à leurs propriétaires.

Ce chapitre est remarquable pour les dispositions très précises qu'il contient sur les réclamations qui peuvent s'élever au sujet de la propriété des serfs. Il est du reste complété par le suivant (chap. CCLII, Jean d'Ibelin) : si un vilain s'enfuit de la terre de son seigneur « *et il apaute aucun apaut ou il a sodées...* » [1] (dont il est le tenant ou dont il est à la solde ou aux gages), il doit revenir en la terre de son seigneur direct par ordre des enquêteurs. Et ceux qui auraient provoqué la fuite des vilains étaient

1. *Apaut.* Lacurne de Sainte-Palaye = mot usité seulement dans les *Assises de Jérusalem* où il semble désigner une espèce de ténement sujet à la taille serve ou franche, à une redevance conventionnelle ou arbitraire soit en argent soit en nature.

condamnés à payer une certaine amende pour chacun des fugitifs.

Nous rencontrons encore une des formules des *Assises des Bourgeois*[1] qui cite le cas d'un demandeur qui se présente devant la cour et se plaint d'être dépouillé d'un serf de son fief « qui a non tel, fis de tel et *nayte d'estrayson...* » (serf de naissance), et il remet au roi ou aux membres de la cour une requête pour rentrer en possession de ce serf.

Nous trouvons aussi sur ce point quelques précisions très nettes, dans les *Bans et Ordonnances des rois de Chypre*. On y traite en effet des « *vileins ou vileines fuitices...* »[2] : tout possesseur d'une terre, y trouvant des vilains ne dépendant pas de son domaine, doit les renvoyer à la ville la plus proche à moins que le vilain ne prouve être parti de chez son maître avec son autorisation. Si celui dans la terre duquel les fugitifs se trouvent ne les a pas renvoyés, et s'ils y sont depuis quinze jours, il sera condamné au paiement d'une amende.

Remarquons de nouveau que ces textes emploient le terme de *vilain* ; nous croyons toujours que ce mot est synonyme de *serf*, et que la condition de cette classe était, en réalité, celle des *esclaves attachés à la culture du sol*.

1. Formule 19, p. 386.

2. *Bans et Ordonnances des rois de Chypre* (*Assises Cour des Bourgeois*), ch. XXXI, n° 3.

Ce même texte se termine par des dispositions intéressantes au sujet des vilains, mais celles-ci accusent une certaine amélioration de la condition de cette classe, du moins en *Chypre*. Ce texte dit que *« en trois saisons nul ne doit arester les dit vileins ou vileines...* ». 1° au moment des *semailles*, du début d'Avril à la fin de Juin ; 2° au temps des *vendanges*, pendant les mois de Septembre et d'Octobre; 3° pendant le *labourage des vignes*, du début de Mars à la fin d'Avril. Les seuls mois pendant lesquels on pouvait arrêter le serf fugitif pour le rendre à son maître, étaient donc : Janvier, Février, Juillet, Août, Novembre et Décembre.

Cette immunité, qui couvrait les vilains pendant ces saisons, mérite d'être remarquée : elle avait pour but, tout en protégeant le vilain à ces diverses époques, d'être en même temps utile à l'agriculture. Observons aussi que ces *Bans et Ordonnances* d'où nous tirons ces remarques datent de *1286-1362*, c'est-à-dire d'une époque où dans notre Ancien Droit la condition des serfs est devenue moins rigoureuse.

En résumé, le serf était attaché à la terre, et il restait à la discrétion de son seigneur. Celui-ci avait tous les droits nécessaires pour parvenir à rentrer en possession du vilain qui s'était enfui du domaine dont il dépendait.

Ces principes étaient aussi appliqués en général aux serfs de corps et de poursuite dans notre Ancien

Droit Français[1]. Par suite, d'après les textes des Assises, nous nous trouvons en présence de serfs dont la condition ressemble à celle des esclaves agricoles en ce sens qu'ils sont attachés à la terre à perpétuelle demeure et qu'ils sont entièrement soumis à leur maître, et à celle des serfs de corps et de poursuite parce qu'ils ne peuvent pas abandonner la terre dont ils dépendent.

B) *Au point de vue de leur Condition Civile.*

La question du mariage des serfs est en cette matière une des plus intéressantes de celles que nous rencontrons. Nous croyons utile de l'examiner au préalable dans notre Ancien Droit.

D'après celui-ci, aucun serf ne pouvait épouser une personne libre ou serve d'une autre seigneurie sans l'autorisation de son seigneur : certaines coutumes ajoutaient que le serf devait avoir ce consentement, même s'il se mariait avec une autre personne de la même seigneurie. Cette autorisation s'expliquait mieux quand le serf voulait épouser une personne libre ou serve d'une autre seigneurie. En ce dernier cas, qui seul nous occupera ici, mariage d'un serf d'une seigneurie avec une serve d'une autre seigneurie, le seigneur pouvait subir un préjudice. Si le mariage se faisait entre deux serfs de la même seigneurie, les enfants à naître étaient la propriété

1. Guetat (cf. bibliographie), p. 336.

du seigneur comme les parents eux-mêmes. Mais si le mariage a lieu entre un serf et une serve de deux seigneuries différentes, à qui sont les enfants ? Pour les uns ils seront la propriété du seigneur du père. Pour d'autres, et c'est la thèse la plus répandue, ils doivent appartenir au seigneur de la mère. D'après la première opinion, le seigneur éprouvait un préjudice quand sa serve épousait un serf d'une autre seigneurie. D'après la deuxième, il subissait une perte lorsque son serf se mariait avec une serve d'un autre seigneur [1]. Pour y remédier on admit un système d'échange [2] que nous trouvons scrupuleusement réglé dans les *Assises de la Haute Cour*.

Jean d'Ibelin traite cette question dans le chapitre CCLIII de son livre. Un vilain ou une vilaine s'est enfui et est allé dans la terre d'un autre seigneur, ce dernier ne doit pas le marier, car s'il le fait, il doit donner un échange au seigneur dont il dépendait.

Le chapitre CCLIV du même Jean d'Ibelin continue [3] : un serf (vilain), « dou seignor ou de chevalier ou de dame veuve ou d'autre... » se marie avec une serve d'un autre lieu sans l'autorisation du seigneur de cette dernière. Le seigneur du serf auquel la serve sera mariée rendra au seigneur de celle-ci une autre serve en échange, ayant la même

1. Glasson, t. VII, p. 43 et suiv.
2. Esmein, p. 234.
3. Cf. ce texte, p. 405.

valeur et le même âge. S'il ne peut en trouver une remplissant ces conditions, il donnera la meilleure qu'il aura en âge de se marier. Si le mari de la serve étrangère meurt, le seigneur du serf reprendra la serve donnée en échange, si la veuve retourne à son premier seigneur. Si la serve (donnée en échange) est partie en la terre de l'autre seigneur, son seigneur peut l'y reprendre : et si le seigneur s'y oppose, celui qui l'a donnée doit la garantir. Si d'autre part le seigneur du serf dit à celui de la serve que celle-ci était autorisée à se marier, le seigneur devra jurer sur les saints Evangiles la fausseté de cette affirmation et qu'au contraire sa serve s'est mariée sans son autorisation. En ce cas il pourra prendre une serve en échange. S'il ne veut pas jurer que sa serve s'est mariée sans son autorisation, le seigneur de la serve n'aura droit à rien.

Telles sont les dispositions très nettes que nous trouvons dans ce chapitre et qui règlent le mariage d'un serf et d'une serve de seigneuries différentes, alors que cette dernière a épousé un serf d'une autre seigneurie sans l'autorisation du seigneur. Tout se résumait donc dans la théorie de l'échange.

A ce sujet Beugnot [1] dit qu'en Europe le serf était seul responsable de son formariage, et passible d'une amende vis-à-vis de son seigneur sans l'autorisation

1. *Livre de Jean d'Ibelin*, ch. CCLIV, note *b* (p. 405, *Assises de la Haute Cour*).

duquel il aurait épousé une serve d'une autre seigneurie. Cette somme d'argent, qui était l'amende payée par le serf à son seigneur, portait parfois le nom même de formariage [1].

Dans le royaume de Jérusalem, comme nous venons au contraire de le remarquer, le formariage donnait lieu à une revendication de personnes, qui se passait entre les seigneurs respectifs des serfs mariés et à laquelle ceux-ci restaient étrangers. Il ne faut pas supposer, ajoute Beugnot, que les Croisés eussent intentionnellement adouci les rigueurs du servage-esclavage en vigueur dans le royaume des Latins. Dans ce mariage entre serfs appartenant à des seigneurs différents, ils ne voyaient que la propriété des enfants à naître, ce qui était souvent un sujet de contestations [2].

Laissant de côté le mariage des serfs, nous allons voir quelques-unes des incapacités dont ils sont particulièrement atteints.

Ils ne peuvent tout d'abord ni acheter, ni vendre des bourgeoisies ou propriétés situées dans une ville ou dans un bourg : seuls, certains individus peuvent s'en rendre acquéreurs [3] « sachés que tous homes et

1. Beaune, p. 247 et suiv. — *Livre de Jean d'Ibelin*, ch CLXXI, note *b* (p. 264, *Assises de la Haute Cour*).

2. Cf. sur ce point le ch. VIII du *Livre de Geoffroy le Tort*. (*Assises de la Haute Cour*).

3. *Abrégé du Livre des Assises de la Cour des Bourgeois*, 1re partie, ch. XXIII.

femes frans et *sans aucun servage* pevent vendre et acheter bourgesies... »

A un autre point de vue ils sont frappés en justice de nombreuses incapacités. Ils ne peuvent pas plaider en justice pas plus que les fils de famille, les sourds et « *ceaus qui sont serf...* »[1].

Ajoutons encore qu'ils ne peuvent pas être pris comme témoins : ce fait nous est certifié pour les testaments, par le *Livre des Assises de la Cour des Bourgeois* [2].

Il en est également ainsi pour la faculté de témoigner en justice. Le chapitre XXIV, 2e partie de l'*Abrégé des Assises de la Cour des Bourgeois*, dit en effet que ne peuvent être témoins devant cette Cour « *trestous sers de quelque loi que il sont...* »

Les *Assises de la Haute Cour* envisagent aussi cette incapacité. Elles emploient le mot de *garant* [3] : or ce dernier n'est pas une personne tenue de garantir à une autre la jouissance de la chose vendue, c'est un simple témoin qui est forcé de combattre pour défendre son affirmation. Le chapitre LXXI du *Livre de Jean d'Ibelin* [4] cite ceux qui ne peuvent être témoins, et parmi eux il nomme les bâtards et les *serfs*. Pour les premiers, la note *b* de ce chapitre

1. *Assises Cour des Bourgeois*, ch. XVII.
2. *Ibid.*, ch. CCII.
3. *Jean d'Ibelin*, ch. LXX, note *b* (p. 113, *Assises de la Haute Cour*).
4. *Ibid.*, ch. LXXI, note *e*.

nous apprend que dans diverses provinces de France les bâtards étaient serfs, mais qu'au XIIIe siècle cette exclusion n'était pas générale (cf. aussi la note *c*) [1].

De la même façon dans la *Clef des Assises* (chapitre XCIII), nous voyons que ne peuvent se porter garants « ne boume, ne feme, qui ne soit obéissant à Rome, *ne serf*, ne autre home ne feme de religion ni enfant merme d'âge (mineur)... » Il en est ainsi dans le chapitre XXXII du Livre de Geoffroy le Tort qui cite « les genz qui ne pevent porter garentie en la Haute Court contre Frans... » Ce sont entre autres « *Toz sers de quelque lei que il seient...* »

Notons en outre un texte spécial, le chapitre XXVIII du *Livre de Philippe de Novarre* qui traite des gens qui peuvent porter garantie en cour et de ceux que l'on peut récuser. Après avoir énuméré ceux qui ne peuvent se porter garants, Philippe de Novarre cite un cas qui nous intéresse particulièrement : si, dit-il, « le seignor a donné feme au serf ou à un autre enteché des vices ci-dessus... », d'un des vices qui empêchent de se porter garant en justice. Il faut remarquer le début de cette citation, qui prouve que le seigneur a consenti au mariage du serf avec une femme libre. Philippe de Novarre ajoute : « et il le

1. Cf. et comparer spécialement sur ce point Beaumanoir (édition Salmon, t. II, ch. XXXIX, n° 1176 restreint par le n° 1209) : le serf peut être témoin contre un autre serf mais non contre une personne franche. Encore y a-t-il certaines restrictions sur ce dernier point (n° 1209).

vozit faire seir en la court disant que il est son home liege... » : ceci semble prouver que le serf devenait libre, mais que va-t-il résulter de ce droit de siéger à la cour du seigneur ? Celui dont émane le procès demandera au seigneur de le récuser en disant que s'il peut affranchir son serf, cet affranchissement ne vaut que vis-à-vis du seigneur, non du plaideur : et, ajoute Philippe de Novarre, je crois qu'il en sera ainsi jugé.

Beugnot [1] comparant cette règle à celles usitées en Europe sur ce point, fait remarquer ce que ce texte renferme de spécial au sujet de la liberté que le serf marié par son seigneur à une femme franche acquérait de ce chef. En France, en effet, dans l'Ancien Droit, il était admis en principe que la femme suivait la condition de son mari [2].

Les *Assises de la Haute Cour* s'occupent aussi des vilains qui sont appelés en justice [3] : or celui qui est assigné ne comparaît pas. Les juges le citeront par lettre en lui fixant un délai : si le vilain ne comparaît pas, ou si excusé il ne fait pas constater qu'il est hors d'état de se présenter, il paiera une amende. S'il objecte ne pas avoir reçu l'assignation, il doit le jurer, sinon il devra payer la même amende. La fin du chapitre prouve que le seigneur ne doit pas con-

1. Ch. XXVIII précité. Cf. note *a*.
2. Beaune, p. 233 et suiv. ; — Esmein, p. 230 et suiv.
3. *Assises de la Haute Cour*, ch. CCLV (*Livre de Jean d'Ibelin*), note *a*.

seiller à son vilain de s'enfuir pour ne pas comparaître : mais s'il s'est enfui sans que ce soit sur son ordre, il devra jurer, s'il le retrouve, de l'envoyer devant les juges ; s'il ne veut pas jurer, il devra donner un vilain de même valeur.

Continuant l'étude de la condition de la classe des serfs, esclaves agricoles, vilains, nous trouvons des dispositions sur le cas où un serf est tenu en prison [1].

On défend de « tenir sers ne serves dou chevalier ne de dame, en prison plus de trois jors, se la cort n'est sertefiee por coi il soit mis... ». Mais ce texte ajoute « et que l'on ne doie tenir serf ne serve ne detor de aucune persone, en prison, se ceaus par qui il sont mis ne les paissent, se celes persones qui seront arestés sont si povres que il n'aient de coi elles se puissent paistre... »

Cette dernière partie vise surtout le cas où un serf est débiteur et où son créancier le fait détenir en prison de ce chef ; cette disposition est à remarquer, car elle est favorable à la condition des serfs en tant que débiteurs.

En ce qui concerne le Droit Pénal, Jean d'Ibelin, au chapitre CXIV de son livre, vise le cas d'un homme qui frappe son serf ou sa serve : si la victime s'en plaint, cette assise affirme que l'auteur des coups ne

1. *Assises de la Cour des Bourgeois, Bans et Ordonnances des rois de Chypre*, ch. XXVIII, p. 372.

subira aucune peine, car « *tel manière de gent ne se pevent clamer par l'assise car ils en sont exceptés...* »

Par opposition avec ce cas, Philippe de Novarre cite l'Assise du roi Baudouin, où il est question des peines subies au cas où une personne est frappée « de main, ou de pié ou de baston... ». Le châtiment varie selon la qualité du coupable, qu'il soit Franc, Syrien ou Grifon « *ou serf en aucune manière...* » : cette peine consistait ordinairement en une amende, mais si « le clamor esteit de cop d'arme esmolue (affilée) ou de mace de fer il devoït perdre le poing... » [1]. Le texte ajoute que si un vilain frappait un chevalier il devait avoir le poing droit coupé.

D'autre part le chapitre XXXI, n° 4, des *Bans et Ordonnances des rois de Chypre* traite du vol. Un vilain ou un esclave s'empare d'une chose appartenant à son maître ou à un autre vilain, le maître recherchera le coupable et l'enverra devant les juges. S'il ne le fait pas, les juges lui ordonneront de leur envoyer le voleur dans un délai de quinze jours à dater de la réception de l'ordre, sinon il devra payer une amende. Les voleurs sont du reste châtiés très sévèrement ; au premier vol le voleur avait le nez coupé ; au deuxième, le pied ; la troisième fois il était pendu. Dans certains cas même le voleur pouvait être pendu dès le deuxième vol.

1. *Assises de la Haute Cour, Livre de Philippe de Novarre*, ch. LXXV, note *b* (p. 546).

Les serfs étaient soumis à une dernière obligation en leur qualité de cultivateurs agricoles. Les vilains qui trouveront des « oziaus et des chiens et des chevachehures perdues... » [1] devront les rapporter dans le délai de quinze jours à la ville la plus voisine du lieu où ils auront été trouvés.

Les *Assises de la Haute Cour* envisagent aussi le cas où un esclave agricole ayant été vendu, l'acheteur demande la nullité de la vente. Jean d'Ibelin s'en préoccupe dans plusieurs chapitres, entre autres dans le chapitre CXXXII, et bien qu'il se serve du mot esclave, il s'agit d'un esclave agricole se rapprochant des Parici du royaume de Chypre.

Un homme a acheté un esclave atteint de la lèpre ou sujet à des attaques d'épilepsie. L'acheteur, de ce chef, subit une perte, car l'esclave ne répond plus à l'usage qu'il veut en faire : il se présentera devant la cour du seigneur dans l'an et jour de l'achat pour lui exposer son cas, nommer le vendeur et demander la résiliation de la vente. L'acheteur rendra l'esclave au vendeur et celui-ci lui remettra le prix de la vente. L'acheteur cependant devra prouver le fait qu'il allègue et se munir de deux loyaux garants de sa nation qui jureront que l'esclave est atteint de la maladie cause de la résiliation de la vente : de son côté l'acheteur devra jurer qu'il n'a rien fait qui

1. *Bans et Ordonnances des rois de Chypre*, ch XXXI, note 1.

puisse être la cause de la maladie de l'esclave [1]. C'est aussi un des cas de la compétence de la Haute Cour et un de ceux qui peuvent faire l'objet de procès sans que le défendeur pour répondre puisse demander un délai [2].

Avec ces textes, se terminent nos recherches sur les classes agricoles d'après les *Assises de Jérusalem*. On voit que leurs caractères sont complexes et mal définis; nous trouvons des dispositions où il s'agit de *véritables esclaves* agricoles, d'autres qui ne semblent plus concerner de vrais esclaves agricoles mais des *serfs* qui, comme les nôtres, semblent être des hommes de poursuite et de formariage. Quoi qu'il en soit, on doit dire, d'une manière générale, que la condition des esclaves agricoles et des serfs était très dure et que ceux-ci étaient à la discrétion de leurs seigneurs. Ces derniers exerçaient même le droit de vie et de mort, et par cela même que leur droit était sans limite, Jean d'Ibelin n'a pas cru devoir s'occuper de la condition des serfs autrement qu'au sujet du droit de poursuite et de quelques règles les concernant spécialement, comme celles relatives au mariage [3].

1. Au sujet des lépreux et de leur condition : cf. Beaune, p. 322.
2. Ch. LXXX, *Livre de Jean d'Ibelin*.
3. Glasson, t. VII, p. 31.

SECTION IV

Des Serfs du Roi et de leur Condition.

Auprès des serfs que nous venons d'étudier, les *Assises de la Cour des Bourgeois* citent dans plusieurs textes, et surtout dans les *Bans et Ordonnances des rois de Chypre*, les *Serfs du Roi*. Ceux-ci se présentent à nous comme ayant des droits spéciaux qui les distinguent des autres serfs. Quelle était donc la nature de cette nouvelle catégorie de serfs d'après les textes des *Assises de la Cour des Bourgeois ?*

Il est intéressant tout d'abord de faire remarquer qu'à l'époque Franque, nous rencontrons près du droit commun des serfs des dispositions spéciales au sujet des serfs dits de l'Eglise et du Roi. Leur situation était même très favorable par rapport à celle des autres serfs. Ils étaient privilégiés, et à ce titre, sur le même pied que ceux de l'Eglise qui en possédait aussi dans ses immenses domaines. Leur condition se rapprochait de celle des colons : ils étaient propriétaires, transmettaient par succession, pouvaient aliéner entre vifs avec le consentement de leurs maîtres. Ils pouvaient même plaider contre ce dernier, car ils avaient une certaine personnalité [1]. Les *serfs du roi*, dans les *Assises de Jérusalem*, avaient, comme nous le verrons, beaucoup de ressemblance

1. Glasson, t. II, p. 550, et les références mises en notes.

avec ces derniers. Beugnot y voit cependant non pas de vrais serfs, mais des Lefteri et des Perpirarii[1], affranchis qui jouissaient d'une liberté complète, du moins quant à leurs personnes. Quoi qu'il en soit, signalons l'analogie de ces serfs avec ceux dont nous venons de parler, ressemblance que nous allons préciser avec l'étude des textes qui traitent de ce sujet.

Remarquons tout d'abord un texte qui semble les placer sous le pouvoir absolu du roi[2]. Il défend d'épouser des serves du roi sans son autorisation, et cette obligation comportait une sanction sévère, car ceux qui épouseraient une telle serve « seront à la volonté de monseignor le roi, dou cors et de l'avoir... », en un mot ils deviendraient esclaves du roi.

Ce texte ajoute[3] que ces serves du roi peuvent cependant épouser certaines personnes, si celles-ci arrivaient en Chypre venant de certains pays : « sauve siaus qui sont venus ou vendront en Chipre de la *Roumanie* et de *Satalie*, et dou *Candelour jusques à la Liche* » : Echappaient donc à cette défense, ceux qui venaient : 1° de la Roumanie et de la Satalie, ville de l'Anatolie, située sur la côte de Caramanie[4] ;

1. Cf. la condition des personnes dans l'ile de Chypre telle que nous l'avons tracée précédemment.

2. *Assises Cour des Bourgeois, Bans et Ordonnances des rois de Chypre*, ch. VII.

3. Cf. *Bans et Ordonnances des rois de Chypre*, ch. VII précité.

4. Division administrative de l'Empire Turc située dans la partie méridionale de l'Asie Mineure.

2° de Candelor ou Candalor, ville de la Turquie d'Asie, près de la côte méridionale de l'Anatolie, jusqu'à Ladikia, ville de la côte de Syrie [1], à six ou sept lieues au midi d'Antioche.

Pourquoi cette différence ? Il semble d'après Beugnot qu'elle a pour base le raisonnement suivant : le mariage entre les Chrétiens et les serves du roi était prohibé, parce que celles-ci retrouvaient la liberté par le fait même du mariage. Au contraire, leur union avec des Musulmans, surtout avec ceux qui venaient le plus souvent en Chypre, ne changeant pas leur condition, elles restaient serves du roi [2]. Remarquons le lien étroit qui unissait ces serves au roi, puisqu'elles ne pouvaient se marier sans son autorisation, sauf les restrictions précédentes.

Une autre caractéristique de la condition de ces serfs du roi consistait, au point de vue du droit d'être propriétaires, en ce qu'ils pouvaient posséder des bourgeoisies. Une ordonnance [3] commandait à tous les « prestres et clers, de quelque nacion que il soit, et gens de commune, qui ont borgesies en la cité de Nicosie, s'en doivent delivrer, dedens demi

1. Candelore, petite ville de la Turquie d'Asie dans l'Anatolie à 48 kilomètres d'Alaja, sur le golfe de Satalie ou d'Adolie. — Ladikia = Latakieh, ville de la Turquie d'Asie dans la Syrie à 200 km. Nord de Beyrouth sur la Méditerranée, nommée autrefois Laodicée.

2. *Bans et Ordonnances des rois de Chypre*, notes *a*, *b* et spécialement *c* (p. 360).

3. *Ibid.*, ch. IX.

an, des susdites borgesies, *sauve les sers dou roi...* ». Ceci prouve le privilège dont ils jouissaient et qui consistait à posséder des bourgeoisies, et à ne pas être forcés de les vendre, dans le cas que nous examinons. Cette ordonnance montre que les ecclésiastiques possédaient de trop nombreuses bourgeoisies, et c'est pour réprimer cet abus que cette mesure fut prise par les rois de Chypre [1].

Beugnot déclare qu'il s'agissait ici des Perpirarii et des Lefteri : en qualité d'affranchis ils pouvaient posséder des bourgeoisies. Comment alors pourrait-il expliquer la distinction précédente basée sur la question de la liberté par suite de l'affranchissement provenant du mariage et qui supposait des serfs non affranchis [2] ?

L'Abrégé du Livre des Assises de la Cour des Bourgeois affirme aussi le droit que les serfs du roi avaient d'être propriétaires. Le chapitre XXXI, 1re partie (p. 259) traite de la vente d'immeubles « sachés qu'il y a une autre manière de ventes des héritages, qui sont des sers dou roy, et, par le commandement qui a esté fait en la court, que *nul serf ne serve dou roi ne puisse vendre ne doner ne engager son héritage ne aliéner ; et s'il n'a autre meillour que celui que il veaut aliener, ceil li doit demourer..... Ce il a deux maizons ou deux héritages ou plus, il doit*

1. *Bans et Ordonnances des rois de Chypre*, ch. IX, note *b*.
2. Cf. le chapitre VII précité des *Bans et Ordonnances des rois de Chypre*.

tenir le meilleur, et le moindre peut vendre ;.... »

Beugnot, au sujet de ce texte, précise le caractère de ces serfs. Pour lui, ils n'étaient pas de véritables esclaves, ce que nous ne discutons pas, comme ceux qui existaient en Syrie ; car, dit-il, il n'y avait pas en Chypre de vrais esclaves (observons que l'auteur oublie les Parici), et de plus ceux dont nous parlons ici pouvaient posséder et vendre des héritages en certains cas. Il conclut en disant qu'ils étaient des Lefteri, bien qu'un auteur, Bustron, ait traduit le mot serf du roi par Parici [1].

Nous répétons que ces serfs jouissaient certainement d'une condition très favorable. Nous ne pouvons pas admettre qu'il s'agissait de Lefteri, car la disposition relative à leur mariage et le lien qui les rattachait au roi s'y opposeraient selon nous. Ces serfs du roi n'étaient pas non plus des Parici, car leur condition n'était pas celle des esclaves, et les caractères qu'ils présentaient étaient incompatibles avec ceux des Parici. Pour nous ils étaient de vrais serfs jouissant d'une condition spéciale qui les faisait ressembler à des affranchis, et surtout aux serfs de l'Eglise dont nous avons tracé les principaux caractères au début de ces explications.

Avant de terminer ce sujet, il nous faut revenir sur les textes qui, sauf la restriction précédente,

1. *Abrégé des Assises de la Cour des Bourgeois,* ch. XXXI, note *a* (p. 259), 1re partie.

leur permettaient de posséder et de vendre des immeubles. Un autre texte [1] complète celui que nous venons de citer. Il reprend les dispositions dont nous avons parlé et il ajoute que même dans le cas où les serfs du roi pouvaient vendre un de leurs biens ou le donner, ou l'engager, il fallait l'*autorisation du roi*, sinon l'acheteur perdait le prix de son acquisition et le contrat était nul. Quant aux serfs qui auraient enfreint cette mesure, leurs personnes et leurs biens seraient, comme le dit le texte, à la merci du roi.

Beugnot, faisant un parallèle entre ces règles et celles appliquées aux serfs de France, observe que ces derniers pouvaient aliéner leurs héritages mainmortables aux gens de la seigneurie où ils résidaient et de même condition qu'eux, sans autorisation du seigneur. Ce droit leur était au contraire refusé si cette aliénation était faite à des personnes franches ou soumises à un autre seigneur sans l'autorisation de ce dernier [2]; ce qui prouve que les serfs avaient en France une faculté de disposer plus étendue qu'en Chypre.

Beugnot compare même la condition des serfs du roi, telle qu'elle était tracée dans le chapitre XXXI, 1re partie de l'*Abrégé des Assises*, à celle de nos serfs abonnés [3]; or, dit-il, ces derniers pouvaient

1. *Bans et Ordonnances des rois de Chypre*, ch. XXVII.
2. *Ibid.*, note *a*.
3. *Abrégé du Livre des Assises*, 1re partie, ch. XXXI précité, note *a*.

aliéner certaines parties de leurs tenures à des cultivateurs de même condition qu'eux. Les serfs abonnés de notre Ancien Droit étaient ceux qui, par une convention d'abonnement, avaient obtenu que les prestations payées par eux, entre autres la taille, fussent changées en une redevance annuelle et fixe. Cet abonnement à la taille ne détruisait pas la condition servile de son débiteur, mais l'améliorait. Par cette convention les serfs abonnés arrivaient même à se racheter du droit de mainmorte [1].

Du reste, à une époque assez éloignée de celle à laquelle se rapporte notre étude, il faut remarquer que le serf pouvait disposer sous certaines conditions de ses biens immobiliers. Les Coutumes en grand nombre admettaient cette règle. Le mainmortable pouvait disposer entre vifs de ses biens libres, mais quant à l'héritage mainmortable, il pouvait être cédé, vendu, donné ou échangé à un serf de la même seigneurie sans autorisation du seigneur. Mais ce dernier devait fournir son consentement, si l'immeuble passait à un homme franc ou à un serf d'une autre seigneurie [2].

Il était donc intéressant de remarquer que les principes posés par le chapitre XXXI étaient restreints par la disposition contenue dans le chapitre XXVII des *Bans et Ordonnances des rois de Chypre*.

1. Beaune (cf. bibliographie), p. 245 et suiv.
2. *Id.*, *ibid.*, p. 253 et suiv.

Concluons en disant que nous nous trouvons en présence de serfs, qui à notre avis ne ressemblaient aucunement à ceux que nous avons eu à examiner précédemment. Nous avons dit qu'ils n'étaient pas esclaves agricoles. Etaient-ce des affranchis? Nous répétons que l'assimilation complète de ces deux classes est difficile à admettre. Pourquoi ne pas y voir des serfs d'une condition spéciale, semblable aux serfs de l'Eglise dont nous avons exposé les caractères? La situation qu'ils occupaient était voisine de la liberté, mais ils n'étaient pas encore libres, ils étaient toujours serfs, et de plus placés sous le pouvoir absolu du roi.

CHAPITRE VI

DES ESCLAVES DOMESTIQUES.

SECTION I

Généralités.

Après les développements qui précèdent sur les esclaves agricoles, les serfs et les vilains, il nous faut étudier les *esclaves domestiques*. Les *Assises de la Cour des Bourgeois* nous prouvent leur existence dans le royaume des Latins ; ce sera aux textes de ce document que nous devrons spécialement nous référer pour examiner les caractères et la condition de cette classe. Auparavant, il est utile de préciser en quelques mots la condition des esclaves domestiques dans l'Histoire.

En Droit Romain, l'esclavage domestique était une institution du droit des gens. Soumis à la puissance absolue du maître, ce dernier avait droit de vie et de mort sur ses esclaves, mais peu à peu ce droit devint moins strict. Pour les biens, tout ce que l'esclave pouvait acquérir appartenait au maître ; chose dans le patrimoine du maître il ne pouvait rien avoir en propre. En Droit Civil il n'avait pas de personnalité, c'était une chose : il ne pouvait rien acquérir mais il pouvait figurer dans les actes juridiques comme représentant de son maître qui devenait propriétaire par son intermédiaire. Il ne pouvait s'obliger par ses contrats, ni rendre son maître débiteur [1].

Quant au Droit Germanique, nous n'y trouvons pas d'esclaves domestiques [2] ; mais on en rencontre au début de l'époque Franque [3]. L'esclave n'était plus l'esclave agricole des Germains, c'était l'esclavage domestique Romain qui s'était introduit même chez les peuples de la Germanie par suite de leurs guerres ou de leurs rapports d'alliance avec les Romains.

La loi Salique témoignait d'un grand respect pour la liberté de l'ingénu, mais il n'en était pas de même pour l'esclave. S'agissait-il d'un crime commis par ce dernier, la torture, la mutilation, la mort pouvaient être prononcées. Etait-il au contraire la victime ? la composition proprement dite était de trente sous, sauf accroissement en certains cas : celle de l'ingénu était de deux cents [4].

Cependant en droit, leur condition tendait à s'améliorer, principalement sous l'influence de l'Eglise [5].

1. Petit *Droit romain*, p. 67 et suiv.
2. Esmein, p. 42.
3. Brissaud, p. 585 et notes.
4. Ginoulhiac, p. 178 et suiv., avec les références à la loi Salique (édition Merkel).
5. Esmein, p. 85.

Du reste ces esclaves domestiques ne formaient déjà que l'exception, les esclaves agricoles étant de beaucoup les plus nombreux. A l'époque Féodale ils disparurent peu à peu ; il ne resta plus que les esclaves agricoles dont la condition se transforma en servage. Les affranchissements, d'une part, s'étaient multipliés ; d'autre part, beaucoup d'esclaves passaient dans la classe des colons, connus sous le nom de serfs à l'époque Féodale.

Vers le XIIe siècle l'esclavage domestique n'existait plus en France, bien que certains auteurs prétendent en trouver encore quelques traces dans le Midi jusqu'au XVe siècle[1]. Quoi qu'il en soit, ce qu'il faut remarquer, c'est qu'à l'époque où se placent les *Assises de la Cour des Bourgeois*, à la fin du XIIe siècle, les esclaves domestiques avaient presque complètement disparu en France.

Si nous passons aux peuples de l'Orient, l'Asie était une des principales sources d'esclaves ; elle en envoyait une grande quantité en Egypte, et on connaît l'histoire de Joseph amené de Palestine et vendu par des marchands Ismaélites au chef des gardes du Pharaon[2]. De plus, dès les temps les plus anciens, dans les Empires de l'Asie Occidentale, les invasions ravivaient les sources de l'esclavage. Les palais de l'Empire d'Assyrie se peuplaient d'esclaves de luxe[3].

1. Brissaud, p. 587.
2. Wallon, t. I, p. 25.
3. *Id.*, *ibid.*, p. 44.

Plus tard, les peuples de l'Iran (Bactriens, Perses, Mèdes) prévalurent sur les Assyriens : chez les Bactriens, la question de l'esclavage est insoluble faute de textes, par contre les Mèdes et les Perses le favorisaient. C'est ainsi que les Perses, qui se substituèrent aux Mèdes, eurent non seulement des esclaves agriculteurs, mais encore domestiques, consacrés surtout à leurs besoins de luxe et de richesse [1].

Dans l'Empire d'Orient, nous rencontrons l'esclavage, mais sous une forme différente de celle des Romains. Il existait cependant, et Alexis Commène, dans une de ses *Novelles*, déclarait : « Le sort a voulu qu'il y eût des maîtres et des esclaves..... mais la foi Chrétienne ne reconnaît point de différences entre eux, tous sont égaux devant celui qui a versé son sang pour le salut commun des hommes [2]. » La condition des esclaves s'améliora chaque jour chez les Byzantins et, à la fin du XIe siècle, l'esclavage ne se perpétuait que par la naissance et ne provenait que de la captivité. Cet esclavage présentait certains caractères particuliers ; les esclaves byzantins, à l'époque où nous nous plaçons, pouvaient disposer librement des biens qui leur appartenaient ; tout esclave entrant dans un ordre ecclésiastique devenait libre, même sans le consentement de son maître.

1. Wallon, t. I, p. 47 et suiv.
2. Mortreuil, *Droit byzantin*, t. III, p. 57.

Une autre cause de liberté consistait dans le fait accompli par le maître, ou par sa femme, ou par leurs enfants, de tenir l'esclave sur les fonts baptismaux. Enfin l'esclave pris par les ennemis, s'échappant et revenant chez son maître, était libre s'il prouvait qu'il avait souffert pour le bien de l'Etat. En tout cas, quand il avait servi de nouveau pendant quatre ans, il acquérait la liberté [1].

En Orient, lors de la première Croisade, l'esclavage domestique était soumis à des règles très dures ; les provinces étaient remplies d'un grand nombre d'esclaves nés chez leurs maîtres ou achetés par eux. Ces esclaves, que les Latins rencontrèrent dans les pays conquis, comprenaient des Chrétiens, des Juifs, des Syriens, des Samaritains, des Sarrasins, des Grecs et des Arabes [2]. Il faut même remarquer que certains esclaves Syriens et Arméniens, tout en appartenant à la religion Chrétienne, étaient vendus et achetés librement [3].

Les Croisés adoptèrent cet esclavage tel qu'ils le trouvèrent en Orient, soumis à des règles sévères et contraires à leurs idées religieuses. Ils acceptèrent une situation opposée à celle qu'ils savaient exister en Europe, en France principalement, où l'esclavage

1. Mortreuil, t. III, p. 57 et suiv.— Cf. certains textes que nous examinerons bientôt dans ce chapitre et qui présentent des dispositions qui ont quelque analogie avec celles que nous venons d'examiner.

2. Introduction, *Assises Cour des Bourgeois*, p. 27 et 28.

3. *Assises Cour des Bourgeois*, ch. CCIX, note *a*.

domestique avait presque complètement disparu et où l'esclavage agricole était remplacé par le servage. Ils achetèrent des esclaves en grand nombre et ils allèrent même jusqu'à réduire en esclavage et à vendre des gens qui étaient libres sous l'empire des Turcs, sans tenir compte de la religion à laquelle ils appartenaient [1].

Comment expliquer ce fait ? Les Croisés se trouvèrent placés en face des hasards de la guerre, qui avaient mis en leur pouvoir de nombreux prisonniers. D'autre part, ils suivirent l'exemple des Turcs, et il faut ajouter que, de par leur droit de conquérants, ils étaient portés à abuser de leur pouvoir. Beugnot ne trouve pas surprenant que les nobles, habitués en Europe à vivre entourés de valets et de serfs, eussent en Orient de véritables esclaves : nous croyons cependant que les gentilshommes auraient pu se contenter des serviteurs dont ils avaient loué les services en Orient. Au contraire Beugnot trouve étonnant que les bourgeois, « fils ou descendants de serfs », aient ainsi soumis à leur pouvoir de nombreux esclaves : nous ferons ici la même observation que précédemment, tout en faisant remarquer le sens spécial que Beugnot donne au mot « bourgeois ».

Du reste, ces esclaves Grecs, Syriens, Arabes... endurèrent avec autant de résignation le joug des Latins, qu'ils avaient supporté celui des Turcs. Le

1. Introduction. *Assises Cour des Bourgeois*, p. 47 et 48.

pouvoir seigneurial était absolu, et aucun jurisconsulte n'eût osé reconnaître aux esclaves des droits civils : aussi l'esclavage domestique était-il soumis à des règles sévères. Beaucoup de dispositions concernant ces esclaves furent empruntées au Droit Romain, particulièrement strict en cette matière. Il avait été répandu en effet en Orient par les *Basiliques* [1], et au XIIIe siècle, Hermenopule fit un *Abrégé* qui contribua à le maintenir à Thessalonique et en Grèce [2].

Quoi qu'il en soit, l'esclavage domestique est mis en lumière très nettement dans les *Assises de la Cour des Bourgeois*, et donne lieu à de nombreux développements.

Outre des textes séparés, entre autres les chapitres XVI et CCLV, nous trouvons plusieurs autres chapitres du *Livre des Assises de la Cour des Bourgeois* qui traitent de ce sujet ; ce sont les chapitres CCIII à CCXII. Il est important de remarquer qu'il s'agit dans ces textes de *vrais esclaves domestiques*, bien que nous trouvions dans quelques-uns l'emploi fréquent du mot serf, et non de serfs agriculteurs ou d'esclaves agricoles. Beugnot fait remarquer avec raison que les bourgeois de Syrie habitaient les

1. Basile le Macédonien conçut le projet de réunir en une seule compilation les quatre recueils de Justinien, combinés avec la législation postérieure. L'ouvrage fut achevé et publié par son fils Léon VI le Philosophe, de 886 à 911. Il fut appelé plus tard le Basilique.

2. Laferrière, t. IV, p. 505.

villes, s'occupaient de commerce et ne possédaient pas de terre, tandis que les seigneurs féodaux, les grands propriétaires de fiefs possédaient surtout des esclaves ruraux que d'Ibelin appelle vilains [1].

SECTION II

A. — Causes et Caractères de l'Esclavage Domestique.

Nous connaissons déjà, d'une manière générale, deux des principales causes de l'esclavage en Orient, la naissance et la captivité. Nous devons maintenant en examiner quelques causes spéciales que nous rencontrons dans certains textes du tome II des Assises. (*Assises Cour des Bourgeois.*)

La formule n° XIX (p. 386) mentionne en effet une requête adressée à la cour pour rentrer en possession d'un serf fugitif « qui a non tel, fils de tel, et nayte d'estrayson... » (esclave de naissance). Cependant il semble qu'il s'agit ici d'un serf et non d'un esclave domestique ; mais il est bien certain aussi, malgré l'absence des textes sur ce point, que la naissance était, dans les pays conquis par les Croisés, une des causes principales de l'esclavage.

Une première cause spéciale de l'esclavage est la conséquence d'un fait de vol (ch. CCLIV des *Assises de la Cour des Bourgeois*). Une personne surprend un

1. *Assises Cour des Bourgeois*, ch. CCIII, note *a*, p. 138.

voleur en flagrant délit dans sa demeure, et au lieu de l'arrêter le laisse s'échapper, le volé semblant s'être rendu complice du voleur « det perdre tout can que il a, *et det estre de la seignorie...* ». Beugnot fait remarquer que cette disposition devait provenir de ce que le vol était un crime fréquent dans les colonies d'Orient ; aussi le législateur ne craignit-il pas d'assimiler le volé au complice du voleur et de prononcer contre lui la peine d'esclavage [1].

Dans le même ordre d'idées, si un esclave volé était caché dans une demeure, sur l'ordre de la cour une proclamation était faite par le crieur public pour que celui qui le détenait caché le rendît à son maître, ou lui fît savoir qu'il le possédait chez lui : « et celuy qui le selera est *en la merci de Dex et dou seignor*, se, sur ce, celuy ou cele n'est rendue [2]... »

Le chapitre CCIX (*Assises Cour des Bourgeois*) nous met en présence d'un second cas d'esclavage : il a pour titre : « *Ici orrés la raison de celui qui est franc,* « *et se seuffre à vendre por Sarasin par sa volenté, quel* « *dreit en deit estre.* » Il suppose trois personnes, un vendeur, un acheteur et un homme libre, c'est-à-dire un homme franc ; ce dernier se laisse vendre comme Sarrasin, c'est-à-dire comme esclave. Le vendeur se fait remettre une partie du prix, et le vendu reçoit l'autre partie : « *la raison juge et coumande à juger*

1. P. 190.
2. Ch. CCLIV précité, cf. note *b*.

que celuy devient serf à tous jors de celui ou de cele qui l'aura acheté, et ne peut puis dire que il seie frans[1]... » Si par contre la personne vendue n'a aucune part du prix : « la raison juge que celui n'est mie devenus serf par cele vente ; mais est tenus celui qui le vendy de rendre li celuy pris que il ot de luy vendre, por ce que celui se soufri à vendre de grant mesaise qu'il avet de fain »... Remarquons la condition misérable de certains des Francs dont quelques-uns, plutôt que de rester libres, préféraient se vendre aux Sarrasins comme esclaves pour toucher une partie du prix.

Le texte examine ensuite quel sort va être réservé au vendeur et à l'acheteur. Ce dernier perdra la somme qu'il avait déboursée. Le vendeur deviendra en quelque sorte esclave de la seigneurie pendant un certain temps : ce sera le nombre d'années pendant lesquelles on aurait pu avoir à son service un sergent avec le prix de la vente.

Enfin, après quelques remarques sur ce dernier point, le texte termine en disant que, si le vendeur a mis en vente le chrétien ou la chrétienne malgré lui ou à son insu aux Sarrasins, il « dut estres trainés par la vile, et puis det estre pendus[2]... »

Ces dispositions du chapitre CCIX rappellent certaines règles du Droit Germano-Franc. A la différence de la législation romaine qui considérait la liberté

1. Ch. CCIX, cf. note *b*. (*Assises de la Cour des Bourgeois*, p. 141.)
2. Ch. CCIX précité, note *a*.

comme un droit inaliénable, les lois et les usages des Barbares permettaient à tout homme libre de se vendre comme esclave ou serf; il pouvait même aliéner sa liberté à perpétuité, ou à terme, ou sous condition résolutoire. Tacite parle des Germains qui vendaient leur liberté, mais ce fait devait être le résultat d'une volonté libre, et la loi Salique punissait celui qui par violence aurait amené une personne libre à se vendre malgré elle comme esclave. C'était aussi du reste la misère qui, le plus souvent, déterminait un homme libre à se laisser vendre ainsi[1].

Devenait encore esclave dans certains cas le débiteur livré à son créancier. Il y avait là quelque chose de tout à fait spécial, mais il n'en était pas moins vrai que la situation du débiteur à la merci de son créancier offrait beaucoup d'analogies avec celle de l'esclave.

La *Cour des Bourgeois* vise ce cas dans le chapitre LVIII[2] en supposant qu'un homme prêtait à un autre une certaine somme. A l'échéance le prêteur réclamait la somme due: or l'emprunteur jurait ne rien posséder pour pouvoir payer : « *la cort deit livrer le cors dou detour au prestour...* » jusqu'à ce qu'il soit remboursé. Le texte ici ne dit pas que l'emprunteur était considéré comme un esclave, mais nous le citons pour montrer que dans ce cas il était livré au prêteur jusqu'au remboursement de sa dette. De même, le

1. Glasson, t. II, p. 555 et références.
2. *Livre de la Cour des Bourgeois*, p. 53.

chapitre XXXIX nous parle de l'acheteur d'un cheval, qui ne pouvait en payer le prix et de la situation qui lui était faite en ce cas.

Enfin un autre texte, tiré des *Assises de la Haute Cour*, suppose qu'un homme autre qu'un chevalier, avait une dette reconnue par lui ou prouvée. Remarquons que par « autre home que chevalier... » il semble bien que l'auteur désigne un noble tenant un fief, mais qui n'était pas chevalier[1]. Or ce débiteur était dans un état d'extrême misère, il ne possédait que son vêtement et les draps de son lit pour toute fortune ; l'assise dit qu'il était livré à son créancier « *et il le peut tenir come son esclaf, tant que lui, ou autre por lui, l'aient paié...* » ... « mais que il ait un anel de fer au bras por reconoissance que il est au poeir d'autrui por dette que il deit... » : ce chapitre, contrairement à ce qui précède, prononce le mot esclave, et nous avons là en effet le véritable exemple de l'esclavage pour dettes [2].

Ce droit, du reste, n'était pas nouveau. A Rome le corps du débiteur était livré aux créanciers[3], et Beugnot, dans sa très intéressante note[4], signale l'analogie de cette disposition avec la Loi des XII

1. *Livre de Jean d'Ibelin*, ch CXVI, note *b*. (*Assises de la Haute Cour*, p. 188.)
2. Cf. aussi ch. CLXXXVIII du *Livre de Jean d'Ibelin* (vente d'un fief d'un débiteur).
3. Cf. Brissaud, p. 468 et suiv.
4. Note *b* au ch. CXVI précité. (*Assises de la Haute Cour*, p. 189 et 190.)

Tables admettant que les débiteurs insolvables seraient livrés à leurs créanciers, et chargés de chaînes et de cordes [1]. Les lois des Saxons et des Bavarois, les Capitulaires de Charlemagne envisageaient aussi ce cas, mais il s'agit dans ces dispositions, que nous empruntons à Beugnot, non de débiteurs, mais de délinquants qui refusaient de payer le montant de leurs condamnations. D'après le titre 58 de la Loi Salique, malgré ce que déclare Beugnot, le meurtrier insolvable était livré à ses créanciers quand il ne trouvait personne qui payât pour lui. Ceux-ci pouvaient même le faire mettre à mort ou lui faire grâce, le vendre comme esclave ou le garder à ce titre [2]. Du reste, déclare Brissaud sur ce sujet, l'esclavage pour dettes était le sort habituel des insolvables dans l'Ancien Droit. Cependant le droit postérieur des Saxons fit disparaître la différence précédente qui existait entre les débiteurs et les délinquants ; le débiteur insolvable fut également remis au créancier.

Nos Coutumes variaient sur ce point : les unes admettaient l'emprisonnement pour dettes, les autres le rejetaient et admettaient la cession de biens. Terminons sur ce point en citant une Coutume, celle de Tournay [3], qui se rapprochait beaucoup du chapitre que nous étudions, déclarant que les débiteurs

1. Cf. Petit (*Droit romain*, p. 278 : condition des *nexi*).
2. Brissaud, p. 1467.
3. Ch. CXVI, note *b*, p. 189. *Livre de Jean d'Ibelin*. Dans cette

insolvables étaient mis sous la puissance de leurs créanciers. Enfin Beugnot termine en disant que cette disposition rigoureuse du chapitre CXVI s'expliquait par le peu de garanties que les Croisés pouvaient se donner mutuellement.

Nous avons vu précédemment un autre cas où une personne était soumise corps et biens au roi. C'est celui du chapitre VII des *Bans et Ordonnances des rois de Chypre*. Il y est déclaré que ceux qui épouseront une serve du roi sans son autorisation « seront à la volenté de monseignor le roi *dou cors* et de l'avoir... »

B. — Nature et Caractères de l'Esclavage Domestique.

Il faut remarquer d'une façon générale que d'après les Assises l'esclave domestique n'avait aucun droit, ne pouvait en avoir aucun, et que sa situation sociale, particulièrement dure, ne subissait guère l'influence de la religion des Croisés. Nous allons sur ce sujet nous trouver en présence de dispositions diverses et de textes épars.

L'esclave domestique d'après les *Assises de la Cour des Bourgeois*, était considéré comme une chose. Il ne pouvait être propriétaire et le chapitre XI des *Bans et Ordonnances des rois de Chypre* (*Assises des Bourgeois*, p. 362) défend à toute personne

note Beugnot cite cette Coutume de Tournay tirée des lettres de Philippe IV, ann. 1296 (*Ordonnances*, XI, 389).

d'acheter à un ou à une esclave. Ajoutons que ce texte semble s'appliquer également aux esclaves agricoles, et bien qu'employant le mot esclave, nous lui donnons une portée générale.

Le chapitre CCII (*Assises de la Cour des Bourgeois*, p. 136) proclame aussi l'impossibilité pour l'esclave de servir de témoin lors d'un testament.

Incapacité de plus pour l'esclave au point de vue du mariage [1]. Le chapitre auquel nous nous référons, il est intéressant de l'observer, est écrit complètement en latin. Selon le passage suivant : « *jure gentium vetitum est matrimonium inter liberum et ancillam, et inter filium patroni et filiam liberti...* », le mariage était donc prohibé entre un homme libre et une esclave : disposition qui se rapproche des théories du Droit Romain, tandis que le Droit Coutumier permet le mariage d'un serf et d'une personne franche avec le consentement du seigneur.

Leur condition était telle, que ces esclaves domestiques étaient assimilés à des meubles. Ainsi le chapitre LIII de la première partie de l'*Abrégé du Livre des Assises*, suppose qu'une personne meurt intestat, laissant plusieurs enfants comme héritiers : or parmi ceux-ci il se trouve des mineurs ; en ce cas, il faut faire un inventaire des biens meubles du défunt. Si parmi ceux-ci : « ce treuvent aucunes chozes non durables et déffaillables, et pevent morir et gas-

1. *Livre des Assises de la Cour des Bourgeois*, ch. CLVIII, p. 107.

ter et amermer, si come sont *esclas et esclaves et bestes*... : si les couvient vendre, et aussi pevent vendre les autres chozes quelles sont *meubles*... » Il faut avoir soin de remarquer que les esclaves sont considérés comme de vrais meubles et vendus comme des choses susceptibles de périr et de se détériorer. En effet, ces esclaves, nous dit Beugnot, sont attachés à la personne, et ne sont pas des esclaves agricoles, autrement ils eussent été des immeubles par destination sans qu'on eût été obligé de les faire vendre [1].

Puisque nous examinons un exemple d'une succession où se trouvent, parmi les biens revenant aux héritiers, des esclaves, étudions maintenant un texte qui prévoit le cas où un esclave est au contraire institué héritier par son maître dans son testament.

Le chapitre dont nous parlons est le chapitre CCVI des *Assises de la Cour des Bourgeois* [2], et il s'adresse spécialement aux esclaves domestiques. « S'il avient que aucuns *fait son heir de son serf*, bien le peut faire, et *ytel heir si est heir necessaire*. Et si coumande la raison que celuy heir est tenus de prendre l'éritage de son seignor si tost com ses sires yert mors, ou seit qu'il le veill, ou seit que non... » Voilà bien en effet l'héritier nécessaire du Droit Ro-

1. *Assises Cour des Bourgeois*, note c, p. 281.

2. Livre des *Assises de la Cour des Bourgeois*, ch. CCVI (p. 139 et 140) : Cf. aussi la note *b*, p. 139 et la référence qui y est citée. — F. de Coulanges (cf. bibliographie), t. II, p. 84.

main [1]. Aussi, de ce fait, l'esclave allait-il acquérir la liberté, il devenait libre même si le maître dans son testament n'avait pas inséré expressément cette disposition « jà soit ce que ces sires ne l'deyst que il fust franc, car la lei et l'asise l'entent et juge que fu tes la volenté de son seignor que il le faiseit franc, puisque il le faiseit son heir de tous ses biens... » Mais cet esclave, institué héritier, devait payer toutes les dettes de son ancien maître. Cependant si ce qu'il avait reçu à titre d'héritier était d'une valeur inférieure au montant de la dette, il n'était tenu au remboursement que proportionnellement à la valeur de l'héritage. Du reste s'il voulait, il pouvait ne pas payer les dettes de son maître à la condition d'abandonner aux créanciers tout ce qu'il avait reçu à titre d'héritier. Il est bien évident que tout ce que l'esclave, héritier et libre, avait acquis depuis le décès de son maître, lui restait propre.

Il faut remarquer également la disposition qui concerne l'affranchissement tacite de l'esclave institué héritier. Nous lisons en effet dans les *Institutes de Justinien*, livre I, titre VI, *qui et ex quibus causis manumiterre non possunt;* § 2 : « *cum non est verisimile eum quem heredem sibi elegit, si prætermiserit libertatis dationem, servum remanere voluisse, et neminem sibi heredem fore...* » : il n'est pas vraisemblable

1. Cf. Petit, p. 365 — et Ortolan : *Institutes de Justinien*, p. 171. — *Institutes*, livre I, titre 6, § I.

que le maître, en choisissant un esclave pour son héritier, ait, en oubliant de l'affranchir, voulu le laisser en servitude. C'est en effet une question controversée par les anciens jurisconsultes, de savoir si l'institution d'un esclave était valable quand le testateur n'avait pas déclaré expressément qu'il l'affranchissait. Un passage d'Ulpien décide qu'elle ne devait pas valoir [1]. Mais Justinien résolvant la question dans une de ces cinquante décisions, statua en faveur de la liberté ; parce qu'il faut prendre pour guide la volonté du défunt, il admit que, par cette institution d'héritier, l'esclave serait affranchi *de plano* [2].

La dernière disposition du texte que nous examinons n'est qu'une sorte de « *bonorum separatio.* » L'héritier institué pouvait donc ne pas être tenu *ultra vires* des dettes du *de cujus*, mais proportionnellement à la valeur de la succession. Toutefois les acquisitions personnelles faites par cet esclave héritier nécessaire, depuis le décès de son maître, étaient soustraites aux créanciers du défunt qui ne pouvaient élever à leur égard aucune prétention [3].

Nous allons préciser davantage la condition des esclaves domestiques, en examinant quelques textes qui contenaient des dispositions intéressantes mais très variées.

1. Ulpien, *Reg.*, titre XXII, § 12.
2. Justinien, *Code*, livre VI, titre 27, loi 5.
3. Petit, *Droit Romain*, p. 570.

Ainsi le chapitre CCLV (*Livre des Assises de la Cour des Bourgeois*) vise le cas d'un esclave « soit Crestien ou Jude ou Samaritan, ou Surien, ou Sarrazin... », qui s'enfuit de chez son maître pour aller dans un des territoires possédés par les Sarrasins. Il revient plus tard en la terre des Chrétiens pour être chrétien : « le seignor ni la dame, de qui il fu, n'i a puis nule seignorie en luy, puisqu'il a eu tant de recounoissance qu'il a laissé la male lei por la boune ;... Car por ce a non la terre des Crestiens... la terre des Frans... » [1].

Dans sa seconde partie le texte vise le cas opposé : « Encement, mais se celuy mien serf ou serve s'enfuit en la terre des Crestiens, encores soit se qu'il se fasse Crestiens, si juge la raison que, si tost com son seignor ou sa dame le porra aver, que il retorne le cors en serveté... Et revendre le peut as Crestiens meysmes, mais non à autre lei, car ce est raison, por ce que il fist ce por la male fei, por estre delivres dou servage, et non por autre... » Au sujet de ce chapitre, Beugnot fait l'observation suivante [2] : « La cupidité dominait chez les Francs le prosélytisme religieux : ils vendaient et achetaient sans aucun scrupule, des esclaves chrétiens, auxquels ils accordaient, pour toute faveur, de ne pouvoir être revendus qu'à des maîtres de leur religion, et lorsque

1. Cf. au sujet du mot « Frans » la note *a* audit ch. CCLV.
2. Introduction. *Assises Cour des Bourgeois*, p. 48.

nous entendons l'auteur du *Livre des Assises* dire, en parlant de l'esclave fugitif, qui acquérait la liberté en revenant chez les Latins pour se faire baptiser : « Car por ce a non la terre des Crestiens et tels gens, la terre des Frans... » nous nous demandons comment il a pu se flatter de pallier par de vaines paroles un état de choses dont l'iniquité n'était que trop visible... »

A côté de ces dispositions sévères, nous trouvons cependant quelques passages où il semble que l'on ait voulu envisager avec plus de compassion la condition des esclaves. Malheureusement, il paraît certain que les dispositions qui vont suivre ont eu plutôt pour but de conserver la vie de l'esclave dans l'intérêt de son maître, pour qui la mort d'un esclave était une perte pécuniaire dont l'auteur devait la réparation. Les chapitres dont nous voulons parler [1] s'occupent des esclaves frappés par leur maître ou par toute autre personne, et de ceux qui étaient malades et mal soignés. Nous devons remarquer tout d'abord que ces textes emploient indifféremment les mots esclave et serf ; néanmoins nous croyons qu'il s'agit ici d'esclaves domestiques, mais nous ne voyons pas pourquoi on n'étendrait pas ces dispositions aux esclaves agricoles.

Un esclave était atteint de certaines maladies soi-

1. Ch. CCXXXVI et CCXXXVIII. *Assises Cour des Bourgeois*, p. 164, 167 et suiv.

gneusement indiquées par ces textes, et le médecin assurait qu'il le guérirait; or il le soignait si malheureusement que le malade mourait, le médecin était tenu de rendre un autre esclave, ou le prix que le défunt avait coûté !

Il en était ainsi au cas où le médecin faisait à un esclave une opération qu'il n'aurait pas dû faire et qui avait amené la mort : de même lorsque le médecin avait fait absorber au malade un remède, dont la dose trop forte avait causé le décès. Ces textes visent encore de nombreux autres cas d'erreurs des médecins sur la personne des esclaves malades.

Toutefois, pour encourir les peines ci-dessus, il faut que deux témoins prouvent avoir vu le malade prendre les potions causes de la mort, ou avoir entendu dire à l'esclave malade que sa mort était certainement causée par les remèdes qu'il venait d'absorber.

Mais, si le « miège » (médecin) prouvait que le malade avait fait une chose qu'il lui avait défendue, même s'il avait été mal soigné, il n'était pas tenu de payer une amende à son maître en cas de mort. Si enfin l'esclave restait infirme, par exemple dans le cas où il avait le bras cassé et où le médecin le soignait si maladroitement qu'il restait impotent, le médecin devait prendre cet esclave à son service et payer au maître ce qu'il lui avait coûté. Ajoutons que si ce même fait était arrivé à un chrétien le médecin devait perdre le poignet droit.

Comme on le voit, ces textes frappent de peines

sévères le « miege » cause du décès de l'esclave, mais comme nous l'avions fait prévoir, ces dispositions sont surtout favorables au maître et ont pour but de réparer le préjudice que la mort d'un esclave lui cause.

En ce qui concerne le Droit Pénal, les *Assises de la Cour des Bourgeois* envisagent les esclaves soit comme accusés, soit comme plaignants.

Ainsi le chapitre CCXXX du *Livre de la Cour des Bourgeois* renferme *in fine* la disposition suivante : « *Si servus alicujus burgensis furetur aliquid domino suo, et vicinus domini vel quilibet reciperet furtum in domum suam, vel celat servum fugitivum, vel suadet servo alterius ut fugiat, et dominus poterit illum per duos legitimos testes convincere quod servum suum corrupit et quod ipse fuit causa fugæ et furti, servi dominus aget adversus eum furti, et consequetur alium servum vel estimationem sui servi et totum dampnum quod servus fugitivus sibi intulit, ab illo in simplum, quia non venit pœna dupli vel quadrupli in Syriæ regno...* » Un esclave appartenant à un bourgeois, par conséquent esclave domestique, volait une chose appartenant à son maître, et le voisin de ce dernier ou toute autre personne avait reçu dans sa maison l'objet volé ou cachait chez lui un esclave fugitif, ou avait persuadé à un esclave de s'enfuir de chez son maître. L'auteur de ce fait est traité comme un voleur : quant au maître, il peut au moyen de deux témoins prouver que la personne ainsi accusée a bien provoqué la fuite de l'esclave, ou que c'est elle qui a poussé ce dernier à commettre son vol. En conséquence, le propriétaire accusera de vol celui qui l'a commis, et il devra obtenir un autre esclave ou le prix auquel celui-ci sera estimé, et une sorte d'amende représentant au simple la valeur du dommage que l'esclave fugitif lui a causé [1].

Au sujet des esclaves fugitifs et voleurs, le chapitre CCX *in fine* (*Assises C. des B.*, p. 142-143), suppose aussi qu'un esclave s'enfuyait en volant son maître. Or cet esclave alléguait : « ..... « Je baillai ce que je pris de vos à tel personne », et il i a maintes persones qui aient celui veu parler o l'esclaf plusor fois, la raison dit et comande que la cort deit celuy arrester et metre en gehine (l'appliquer à la question, le soumettre à la torture) por veyr ce il rendra ce qu'il a pris de celuy esclaf... »

Enfin le chapitre CCL traite des sociétés composées de voleurs qui se partagent les produits de leurs vols. L'un d'eux en ayant commis un, en donnait la moitié à son compagnon : si ce dernier savait la provenance de la part qui lui était attribuée, il était aussi coupable que l'autre ; mais s'il n'en savait rien, il n'était pas considéré comme voleur et gardait sa part. Il en était ainsi de celui qui conseillait et aidait le voleur sarrasin à provoquer la fuite d'un

1. *Code*, livre VI, titre I, *De Servis fugitivis*, et titre II : *De furtis et servo corrupto*.

esclave ou qui recevait chez lui l'objet volé par un esclave à son maître. Il était considéré comme voleur et puni comme tel.

En nous en tenant toujours au Droit Pénal et pour revenir au délit de coups et blessures, soit vis-à-vis d'un esclave, ou au contraire de la part de ce dernier, nous pouvons supposer qu'un Franc frappait l'esclave d'autrui. Si un Franc [1] « qui que il soit, ou borgeois, ou autre personne bate un esclaf ou une esclave... », son maître pourra porter plainte devant la Cour, mais elle se déclarera incompétente, car elle ne saurait s'occuper d'un tel délit. Cependant, si l'esclave mourait des suites des coups, et s'il était prouvé que telle personne en était l'auteur, son maître avait droit à une amende laissée à son appréciation, puisqu'elle était de : « tant come il vora dire par sa leauté, qu'elle li avoit costé, dès iceluy jor qu'elle l'acheta, jusques au jor qu'elle avait été morte ... »

Prenons au contraire un esclave qui [2] : « bateit ou faiseit aucun cop aparant à un Crestien ou à une Crestienne... », il devenait esclave de la seigneurie : de plus, l'ancien maître de l'auteur des coups devait procurer des aliments et fournir de quoi vivre à la victime, tant que celle-ci restait dans l'impossibilité de gagner sa vie. Si la personne

1. *Livre des Assises de la Cour des Bourgeois*, ch. CCLXX, p. 205.
2. *Ibid.*, ch. CCXII, p. 144.

frappée venait à mourir des suites des coups ou des blessures, l'esclave, homme ou femme « det estre trainés [1] et puis pendus ».

Beugnot[2] fait remarquer sur ce point que sauf le cas de mort, l'esclave en Syrie n'était pas puni réellement pour avoir frappé un chrétien, car, que cet esclave restât la propriété de son maître ou qu'il devînt celle de la seigneurie, cela ne changeait guère sa condition.

Pour être complet sur les caractères de l'esclavage domestique, nous devons citer certains textes sur la résiliation de la vente des esclaves. Le chapitre XXXIV vise l'achat d'un esclave épileptique : il y avait là une cause de nullité de la vente et l'acheteur devait le rendre au vendeur, et pour cela il avait un délai d'an et jour à partir de la vente. Le chapitre XXXV [3] traite ensuite de la vente d'un esclave lépreux ou qui devenait tel avant l'expiration du délai d'an et jour à dater de la vente. L'acheteur pouvait ici aussi le rendre au vendeur et ce dernier lui en restituait le prix : la seule condition qui était toujours exigée, consistait dans l'observation du délai dont nous venons de parler car, celui-ci expiré, le vendeur n'était plus tenu de recevoir l'esclave ni d'en rendre le prix. (Observons que nous avons examiné les mêmes dispositions pour les esclaves agricoles.)

1. « Trainés » : conduit au supplice sur un tombereau.
2. *Assises Cour des Bourgeois*, ch CCXII, note *a*.
3. *Livre des Assises de la Cour des Bourgeois*, p. 38.

Beugnot [1] fait remarquer sur ce point que les Lépreux étaient plongés dans une affreuse misère. Les seules mesures d'humanité et de précaution qui furent prises dans le royaume de Jérusalem consistaient à enfermer dans des couvents ceux qui pouvaient payer leur pension, mais les autres restaient abandonnés [2].

Enfin un dernier chapitre [3] nous montre que les patrons des navires pouvaient posséder des esclaves sur leurs bâtiments. Ils étaient considérés comme compris dans la valeur de ce que contenait le navire. Il semble que ces esclaves devaient appartenir au patron soit qu'il les eût achetés pour en faire le commerce, soit qu'ils fussent attachés à sa personne et au service du navire.

1. Ch. XXXV précité, note *c*.
2. *Livre au Roi* (*Assises de la Haute Cour*, p. 636), ch. XLII.
3. *Livre des Assises de la Cour des Bourgeois*, ch. XLV.

CHAPITRE VII

DES AFFRANCHIS.

SECTION I

Généralités.

Nous venons d'étudier les classes inférieures d'une société où figuraient au premier rang les esclaves domestiques et les esclaves agricoles, serfs ou vilains ; il nous reste à examiner la classe des affranchis en nous efforçant de préciser tout d'abord les différents modes d'affranchissement en usage dans le royaume des Latins.

L'adoption de l'esclavage dans le royaume de Jérusalem amena le développement de l'*affranchissement* et de la classe des affranchis, libres en droit, mais en fait soumis à certaines obligations vis-à-vis de leurs anciens maîtres, et pouvant retomber en servitude s'ils ne s'y soumettaient pas [1].

Cette matière de l'affranchissement et des affranchis est presque exclusivement réservée aux *Assises de la Cour des Bourgeois*. C'est ce que nous dit un des chapitres de l'*Abrégé* [1] *du Livre des Assises de la Cour des*

1. Beugnot, Introduction. *Assises Cour des Bourgeois*, p. 48.

Bourgeois en traitant de « ce quoi se uze et se doit uzer en la Court des Bourgeois », puisqu'il cite les « *franchizes des esclas et des esclaves...* ». Cependant, il y avait deux sortes d'affranchis correspondant aux deux sortes d'esclaves. On voit en effet, d'une part, les *Assises de la Haute Cour* traiter des *esclaves agricoles* : d'où provenaient les *affranchis anciens esclaves agricoles* : d'autre part, les *Assises de la Cour des Bourgeois* visant plus spécialement les *esclaves domestiques* donnaient naissance aux affranchis, *anciens esclaves domestiques*. Toutefois les *Assises de la Haute Cour* ne s'occupant pas, pour ainsi dire, de la condition des affranchis, les dispositions que nous rencontrons s'appliqueront spécialement aux anciens esclaves domestiques.

Et d'abord sous quels noms les textes citaient-ils les affranchis ?

Les *Assises de la Haute Cour* les désignent, dans l'île de Chypre, par différents noms, entre autres celui de Lefteri [2] : mais les textes ne contiennent presque pas de dispositions spéciales sur la condition de ces affranchis, anciens esclaves agricoles.

Par contre, nous trouvons de nombreux renseignements sur les affranchis anciens esclaves domestiques dans les textes des *Assises de la Cour des Bourgeois*. Pour les désigner ils emploient des expressions

1. *Abrégé Livre des Assises de la Cour des Bourgeois*, livre Ier, ch. XXI (p. 253).
2. Cf. note *a*, au ch. CXXXII (*Assises Haute Cour*).

différentes. Tantôt ils sont cités sous le nom « *d'esclaves Sarrazins qui sont devenus chrétiens* », c'est-à-dire qui se sont fait baptiser; le baptême était en effet non seulement la suite ordinaire de l'affranchissement, mais aussi le mode le plus habituel par lequel on sortait de l'esclavage. C'est ainsi que le chapitre xvi des *Assises de la Cour des Bourgeois* parle de l'affranchi, c'est-à-dire de l'esclave Sarrasin, qui s'était fait chrétien. Le chapitre ccIII : « S'il avient que aucun esclaf ou esclave que son seignor ou sa dame ait fait faire Crestien et franchi, et celui batié ou batiée... » ne faisait même aucune différence entre cet esclave que son maître avait fait faire chrétien et un « franchi ». [1] De même le chapitre xvIII de l'*Abrégé du Livre des Assises*, 2e partie, dit « *Libertus, ce est celui qui fu Sarrazin et puis c'est fait Crestien...* »

D'autres textes se servent du seul mot « *batié* ou *batiée* » ou « *baptié* ou *baptiée* » [2] ou de celui de « *frans* » ou « *franc* » [3].

Ils sont enfin désignés par le terme de « *frangoumates ou esclas franchis* » dans le chapitre xxxI, n° 3, des *Bans et Ordonnances des rois de Chypre* (page 375). Beugnot (note *c*) nous déclare qu'en France on désignait parfois à cette époque les affranchis par les mots Francs, Franchis, Franches-

1. Cf. note *a*, Charte 18 (*Assises Cour des Bourgeois*, p. 497).

2. *Assises Cour des Bourgeois*, ch. ccIII, ccIV, ccV... (p. 137 et suiv.); — *Bans et Ordonnances des rois de Chypre*, n° 31, § 2 (p. 374).

3. Ch. ccIII et ccV précités.

Gens, Francorains, Franchelains et Frangomates.

Ces généralités posées, nous allons étudier d'après les Assises : 1° les *modes d'affranchissement* ; 2° la *condition et les caractères des affranchis* ; 3° la *perte de l'affranchissement.*

SECTION II

Des Modes d'Affranchissement.

En Droit Romain, on suivait pour l'affranchissement des esclaves une des formes suivantes : 1° *Censu :* affranchissement de l'esclave inscrit sur le registre du cens, avec le consentement du maître ; 2° *Vindicta :* le maître, l'esclave et un tiers allaient devant le magistrat et simulaient un procès en réclamation de liberté ; 3° *Testamento :* le maître pouvait laisser la liberté à son esclave par testament ; 4° *In Ecclesia* : c'était l'affranchissement dans les temples chrétiens ; 5° *Per Chartam* et *per Epistolam :* le maître remettait à l'affranchi un titre écrit, et confirmait souvent cet acte dans son testament [1].

Dans le Droit Germanique nous rencontrons des modes d'affranchissement qui lui étaient propres, et d'autres empruntés au Droit Romain.

Parmi les premiers nous trouvons : 1° l'affranchissement *Per Denarium ante regem :* le maître et l'es-

1. Brissaud, p. 589 et suiv. ; — Petit, *Droit romain,* p. 77 et suiv. ; — Guétat, *Histoire du Droit,* p. 141 et suiv.

clave se présentaient devant le roi ou son représentant, un denier lancé à ses pieds simulait la valeur fictive de l'esclave à affranchir; 2° *Per Hantradam ;* selon certains auteurs il avait lieu par un serment du maître confirmé par onze cojurants ; pour d'autres il se faisait sous la forme d'un procès dans lequel douze personnes juraient que l'esclave était libre [1]; 3° *Per Manum :* le maître remettait son esclave à un homme libre qui le donnait à un deuxième, et ainsi de suite jusqu'au quatrième. Ce dernier conduisait cet esclave à un carrefour et lui remettait un gage. On déclarait qu'il était libre de choisir celui des quatre chemins qu'il préférait [2]; 4° *Per Sagittam, per Gladium, per Lanceam* ou *per Arma :* le maître, en présence de témoins, remettait à son esclave certaines armes, symboles de la liberté.

Indépendamment des modes Germaniques, il en existait à l'époque Franque qui n'étaient qu'un emprunt au Droit Romain ; entre autres ceux *per Ecclesiam* et *per Chartam* qui nous intéressent spécialement. Le premier avait lieu dans une église, où une charte ou acte authentique constatant l'affranchissement était rédigé en présence de l'évêque ou des prêtres [3]. Pour le second, l'autorité publique n'avait pas à intervenir. Une charte, un écrit constatant la volonté formelle du maître d'affranchir son

1. Guétat précité, p. 139 et suiv.
2. Brissaud précité, p. 589, cf. la note 3.
3. Perreciot, t. I, p. 188.

esclave et remis à celui-ci, suffisait mais était nécessaire. Cette charte (*carta, cartula*) avait par elle-même une force dispositive, mais celles qui mentionnaient les affranchissements par tel ou tel autre mode ne pouvaient servir que comme moyens de preuve [1].

De tous ces modes, ce fut la *manumissio per Chartam* qui finit par être à peu près seule usitée à dater du VIIIe siècle [2].

Puis, quand l'esclavage fut remplacé par le servage, nous trouvons de nombreux moyens pour les serfs d'acquérir la liberté [3].

En tout cas l'affranchissement par le denier se rencontrait encore au début du Moyen Age, mais les variétés d'affranchissement se confondaient en celui *per Cartam*, et aux XIIe et XIIIe siècles nous avons de très nombreuses chartes de ce genre, tantôt collectives, tantôt individuelles pour une seule personne ou pour une famille.

Pour examiner ce sujet d'après les *Assises de Jérusalem*, il faut nous référer au chapitre CCVII du *Livre des Assises de la Cour des Bourgeois*, qui cite trois moyens par lesquels tout esclave pouvait acquérir la liberté.

1. Viollet, *Etat des personnes : Affranchissement*, t. I, livre II, 2e partie, ch. II.
2. Glasson, t. II, *in fine*.
3. Cf. sur ce sujet de la cessation du servage dans notre Ancien Droit, les auteurs d'Histoire du Droit et spécialement Beaune (cf. bibliographie), p. 268 et suiv.

En premier lieu nous trouvons l'*affranchissement verbal et par devant témoins :* « si com est se li sires ou la dame dit devant *treis garens ou devant deux :* « Je te done franchise de par Dé, et t'otrei or en dreit que tu cées delivres »... », c'est-à-dire je t'affranchis de par Dieu et t'accorde de dire ou je jurerai en justice que tu es affranchi. Puis ce même texte vise l'affranchissement *par charte* qui paraît être semblable à celui sur lequel nous avons donné quelques détails en Droit Romain, en Droit Germanique et dans notre Ancien Droit. Enfin il reste un troisième mode d'affranchissement que cite ce chapitre : il avait lieu en présence *de deux ou trois témoins au moment du décès du maître,* ou bien l'esclave pouvait être affranchi de par le *testament de ce dernier :* « Et *franchise peut doner à sa mort ou en son testament,* et deit estre ferme, mais que il i ait *deus garens ou treis...* »

Il est facile de remarquer ici l'influence du Droit Romain [1] que nous préciserons davantage. Observons que nous avons étudié l'affranchissement par testament en examinant le chapitre CCVII de ce même *Livre des Assises de la Cour des Bourgeois,* à propos de l'institution de l'esclave comme héritier dans le testament de son maître.

Au sujet de ce chapitre CCVI se pose une question : quelle est sa portée d'application ? Ce texte emploie

1. Beugnot (*Assises Cour des Bourgeois,* p. 140), cf. ch. CCVII, note *b.*

le mot de *serf* ou de *serve,* dans le sens de *servus*, c'est-à-dire d'*esclave domestique,* mais faut-il l'étendre aux *esclaves agricoles ?* Glasson (t. VII, p. 31) ne semble pas s'y opposer ; il admet que presque toutes les dispositions concernant les affranchis et l'affranchissement pouvaient aussi être appliquées aux esclaves agricoles, tout en déclarant qu'en général elles concernaient plutôt les esclaves domestiques. Il semble même que cet auteur étende ce chapitre aux serfs en général, puisqu'il le cite au sujet de leur affranchissement dans notre Droit Français du XIIe siècle [1].

Quelle que soit la théorie admise sur ce point, il n'en est pas moins vrai que ces modes d'affranchissement cités par le texte précédent n'étaient pas les seuls.

Nous en trouvons en effet un autre qui semble aussi être général : c'est le *baptême.* Comme nous l'avons déjà dit, les affranchis sont le plus souvent désignés par « *batiés* » ou par « *esclaves Sarrazins qui se sont faits Crestiens* », qui ont été baptisés. Le baptême semble bien être un moyen grâce auquel l'esclave acquérait la liberté. Si nous nous en référons au *Glossaire* qui termine les *Assises de la Cour des Bourgeois* (page 542, *verbo* « batié ») le baptême était pour les Latins le mode le plus ordinaire des affranchissements. En tout cas, c'était certaine-

1. Glasson, t. VII, p. 55 et suiv.

ment la suite habituelle de l'affranchissement des esclaves qui n'étaient pas chrétiens[1].

Beugnot fait remarquer qu'en général tout esclave était affranchi quand il était baptisé : or si cela avait lieu dans la majorité des cas, il n'en était pas toujours ainsi et cette règle était plus vraie en droit qu'en fait[2]. Il existe en effet parmi les textes des *Assises de la Cour des Bourgeois,* une Charte[3], contenant une donation, faite par Riso, chapelain de Bohémond, prince d'Antioche, de maisons possédées par lui en cette ville. A cette donation il faisait cependant certaines réserves, conservant pour lui une de ces habitations, et pour le servir un esclave qu'il avait fait baptiser mais qui n'en continuait pas moins pour cela à le servir.

Cet affranchissement par le baptême est appliqué d'une façon spéciale dans le chapitre CCLV du *Livre des Assises de la Cour des Bourgeois,* texte que nous avons déjà étudié. Il s'agissait d'un esclave Chrétien, Juif, Samaritain, Syrien ou Sarrasin qui s'enfuyait d'une terre païenne pour venir en terre chrétienne, et se faisait chrétien, s'il ne l'était déjà : il acquérait de ce fait la liberté.

Dans notre Ancien Droit, le baptême, en rendant l'esclave citoyen de la société chrétienne, l'a relevé

1. Cf. *Livre des Assises de la Cour des Bourgeois* (p. 138, ch. CCIV, note *b*).

2. *Assises de la Cour des Bourgeois,* introduction, p. 48.

3. *Id.,* Charte, n° 18, p. 497.

de sa condition abjecte. Mais il semble que ce sacrement ne suffisait pas pour donner *ipso facto* la liberté. C'était un usage attesté par le concile de Limoges en 1031 que les maîtres catholiques affranchissaient leurs esclaves le jour où le baptême leur était conféré[1]. En tout cas, remarquons, en terminant, l'influence que le baptême exerçait sur l'affranchissement des esclaves dans le royaume des Latins.

Nous avons précédemment rencontré un texte de la Haute Cour[2] qui visait un cas particulier de l'affranchissement des serfs. Il supposait qu'un seigneur mariait un de ses serfs avec une fille ou une femme libre, et d'après ce chapitre il devenait, par cela même, libre.

Quelles sont, en outre, les conditions auxquelles on soumet l'affranchissement ?

La première, relative à l'âge auquel on peut affranchir un esclave, nous est indiquée par le chapitre CCVIII, *in fine*, des *Assises de la Cour des Bourgeois* : « Et tous houmes qui sont d'aage de quatorze ans, et la feme de douze ans si peut bien faire testament et *franchir leurs sers et leurs serves*, par dreit, et est ferme ce que il font de tel aage ». Il faut remarquer ici le rapprochement qui existe entre l'âge auquel on peut tester et celui où il est permis d'affranchir ses esclaves.

1. Cf. Beaune (cf. bibliographie), p. 215, note 2.
2. *Philippe de Novarre*, ch. XXVIII (*Assises de la Haute Cour*).

Ce même chapitre CCVIII pose une seconde condition. Un mari peut avoir reçu de sa femme comme dot un esclave ; il a le droit de l'affranchir, que sa femme le veuille ou non, pourvu qu'il puisse rendre intacte la dot de sa femme.

Nous pouvons donc, en nous basant sur les dispositions précédentes, faire observer combien les Assises, spécialement celles de la Cour des Bourgeois, avaient soin de s'occuper de cette question de l'affranchissement. Il est facile d'expliquer ce fait en disant que cette tendance devait provenir de l'influence des idées chrétiennes en cette matière.

SECTION III

Caractères et Condition de la Classe des Affranchis.

En Droit Romain la condition des affranchis variait selon qu'il s'agissait d'affranchis citoyens, latins juniens, ou déditices [1] (ces derniers jouissant d'une condition bien inférieure à celle des affranchis citoyens).

Dans le droit germanique, selon Tacite, ils ne s'élevaient guère au-dessus des esclaves : « *Libertiui non multum supra servos sunt...* », si ce n'est, ajoute cet historien, chez les nations où ils avaient des rois, car là ils s'élevaient parfois au-dessus des in-

1. Cf, Petit, *Droit romain*, p. 81 et suiv.

génus et des nobles. Partout ailleurs ils ne jouissaient que d'une liberté imparfaite [1].

D'après le Droit de la Monarchie Franque, il existait parallèlement des modes d'affranchissement d'origine Romaine et d'origine Germanique. Deux seulement, si nous en croyons les auteurs, donnaient à l'affranchi une véritable liberté; celui *per Denarium* qui se rattachait au Droit Germanique, et celui qui avait lieu selon un mode romain, soit *in Ecclesiis*, soit par acte privé (*carta*) [2]. Quant aux autres modes, ils ne faisaient pas de l'affranchi un homme vraiment libre, puisque certaines charges continuaient à peser sur lui.

Avec la création du servage, se développa l'affranchissement individuel ou collectif, comme nous l'avons déjà exposé. Le serf acquérait ainsi sa liberté, soit à titre gratuit, soit à titre onéreux. En règle générale, les affranchis jouissaient d'une liberté entière, et aucun lien ne les rattachait plus au seigneur. En quelques cas cependant, la liberté n'était que conditionnelle, laissant subsister des obligations envers le seigneur [3].

Dans les *Assises de Jérusalem*, la condition des affranchis, semble-t-il, rentre dans ce dernier cas. Certains liens les rattachent encore à leurs anciens maîtres et ils peuvent facilement retomber en esclavage.

1. Ginoulhiac, p. 116 et suiv.
2. Esmein, p. 86 et suiv.
3. Esmein, p. 239, note 3 et références.

Quelle est donc, d'après les textes des *Assises de Jérusalem*, la condition des affranchis dans le royaume des Latins ? Sur ce point nous trouvons certaines questions envisagées par les *Assises de la Cour des Bourgeois.*

L'une d'elles se réfère à la matière de la succession d'un affranchi pour savoir à qui elle allait être déférée ? Le chapitre CCIII (p. 136 *Assises des Bourgeois*) et le chapitre CCIV sont les deux textes qui s'occupent de ce sujet. Le chapitre CCIII suppose qu'un affranchi : « esclaf ou esclave que son seignor ait fait faire Crestien et franchi, et celuy batié ou batiée vient à mort et *fait testament...* », tous ses biens suivent la destination qui leur était faite dans le testament, et son ancien maître n'avait aucun droit sur eux : « puisqu'il a fait devise (testament), ou soit que celuy batié ait enfans ou non... » Mais, ajoute ce texte, ceci n'est vrai que si les biens ont été acquis depuis l'affranchissement du testateur, s'il « *avoit ce gaaigné despuis que il fu frans...* par son sens ou par s'aventure, ou par ce que donés li fu en mariage par feme que il prist... »

Par contre, s'il *n'a pas fait de testament* et si l'affranchi laisse des enfants, tous ses biens vont à ces derniers.

Mais si l'affranchi a reçu des biens de ses anciens maîtres, il ne peut en disposer entièrement. Le chapitre CCIII contient une disposition analogue à celle du Droit Romain dans lequel l'ancien patron conservait des droits sur les biens de l'affranchi.

Si le testateur n'a que des enfants illégitimes, il doit laisser à son ancien maître [1] « la tierce part de tous ses biens, et en maisons et en aveir, et des autres deus pars peut bien faire sa volonté... » Supposons qu'il ne l'ait pas fait : son ancien maître ou sa dame « pueent prendre le tiers de tout ce que celuy avet laissé de tous ceaus et de toutes celes personnes à qui il averet ces choses laissées... » qu'il y ait ou non un testament, à la condition toutefois que les donataires n'aient pas eu la possession desdits biens pendant plus d'un an et un jour.

Le second texte que nous avons cité est le chapitre CCIV : il complète le précédent sur la question que nous examinons en étudiant le cas où l'affranchi mourait *intestat* et ne laissait pas d'enfant. Ses biens étaient attribués à son patron, ou à sa patronne, ou à leurs enfants, si ceux qui l'avaient affranchi étaient décédés. L'affranchi avait donc intérêt à laisser un testament [2].

Ce texte envisage ensuite le cas où l'affranchi décédé intestat et sans enfant était marié. La femme qu'il laissait à sa mort avait droit à sa dot, et le reste des biens allait à l'ancien maître, ou à sa dame. Si l'épouse de cet affranchi n'avait pas de dot, elle devait être mise en possession des meubles de la maison, et

1. En d'autres termes le *manumissor*.
2. Thèse Marque : Cf. sur cette question, p. 53 et 54.

tout le surplus était attribué à son ancien maître ou à ses enfants.

Enfin, « se celuy ou cele qui le franchi n'en est vif ni ces anfants, ni les anfans de ces anfans, la raison si juge et comande que tout ce que celuy ou cele baptiée aveit si deit estre dou seignor de la terre... »

Ces deux textes doivent être remarqués par leur précision et par la netteté des dispositions qu'ils contiennent.

Le principe de cette théorie de la succession des affranchis a sa source dans le Droit Romain : cependant, surtout en ce qui concerne le Droit de Justinien, nous trouvons quelques différences dans le détail.

1° L'affranchi a laissé un testament. D'après les Assises, il faut, sauf à observer les réserves précédentes, en suivre les dispositions, qu'il y ait ou non des enfants, sans qu'aucune part des biens appartenant en propre à l'affranchi depuis son affranchissement ne puisse revenir au patron.

Sous Justinien (*Institutes*, livre III, titre 7, § 3), il fallait distinguer deux cas : Celui où le patrimoine de l'affranchi était de moins de cent sous d'or, auquel cas on appliquait la Loi des XII Tables, avec le droit pour le testateur de dépouiller son patron pour le tout, et celui où sa succession était supérieure à cent sous d'or. En ce dernier cas, le patron avait le droit de se faire donner le tiers des biens si, ayant fait un testament, l'affranchi sans enfant, ou ayant exhérédé ceux qu'il avait, a omis son patron ou sa patronne dans ledit testament.

Si le patron par le testament de l'affranchi n'a pas ce tiers (et non la moitié comme sous le Droit Prétorien), il aura le droit de se faire donner ce tiers ou le complément qui pourrait y manquer par la possession de biens *contra tabulas.*

2° L'affranchi ne laisse pas de testament. Le Droit des Assises attribue la succession à ses enfants : ici, comme en Droit Romain, le patron n'a aucun droit à exercer. S'il n'y a aucun enfant, l'ancien maître ou sa femme, ou leurs descendants, a toute la succession (ce qui était aussi la règle romaine) : « *Sin autem sine liberis decesserint, si quidem intestati, ad omnem hereditatem patronos patronasque vocavimus* [1]. » (*Institutes*, l. III, titre 7, § 3.)

Cette théorie de la succession des affranchis étant posée, nous pouvons observer avec Beugnot que l'affranchi n'avait pas de parents collatéraux ; toute sa famille se composait de sa femme, et, surtout au point de vue successoral, de ses enfants, de son patron [2], ou de sa patronne ou de leurs descendants.

Une seconde question, qui nous est inspirée par les *Assises de la Cour des Bourgeois,* consiste à nous demander si, au point de vue de leurs droits juri-

1. Ortolan, *Institutes de Justinien*, t. II, p. 63 et surtout p. 67 (Edition de 1854) ; — Gibbon, t. II, ch. XLIV, p. 182.

2. Cf. ch. CCIV, *Assises Cour des Bourgeois*, note c, p. 138.

diques, ils pouvaient plaider en justice contre leurs anciens maîtres ?

C'est le chapitre XV (*Livre des Assises de la Cour des Bourgeois*) qui nous renseigne le premier sur ce point : « *Jure civili filius familias non potest patrem suum in jus vocare, nec libertus patronum*... ne le franchi celui qui l'a franchi ; por ce que plait ne peut estre entre deus homes par dreit, puisque l'un est en poeir de l'autre... » Il était donc formellement interdit à l'affranchi de plaider contre son ancien maître.

Beugnot [1] fait observer avec raison que cette disposition était inutile en Europe où les serfs affranchis pouvaient exercer ce droit. En Asie, au contraire, où les Latins possédaient de véritables esclaves et non des serfs, la disposition du chapitre XV qui provenait du Droit Romain [2] était aisément applicable. Cette prohibition se rencontre dans le chapitre XVIII de la 2e partie de l'*Abrégé du Livre des Assises* (p. 316). Il admet que le « *libertus* » ne pouvait appeler en justice son ancien maître : « le libertus est celui qui fu Sarrazin et puis Crestien ; celuy ne peut plaidoier à (contre) son seignor... » [3].

1. Ch. XV, *Assises Cour des Bourgeois*, p. 28, note *d* : ch. XVI, note *b*, p. 29.

2. *Digeste*, livre II, titre 4 : *de in jus vocando*, loi 4, § 1, et loi 8, § 1.

3. Beugnot, p. 317, note *a*, à propos de ce texte, nous dit que ce fait n'aurait pu se présenter qu'en Syrie, car en Chypre, il y avait peu d'esclaves sarrasins : cela aurait pu s'appliquer aux Lefteri.

Comment cette interdiction est-elle sanctionnée ? Le chapitre XVI des *Assises de la Cour des Bourgeois* répond à cette question : la Cour doit rejeter la demande et condamner l'affranchi au paiement d'une amende. Le texte ajoute *in fine* : « Ce il n'en a tant de quei il puisse ce paier, si le deit on coper la lengue, ce c'est lait crim dont il appela son seignor ou sa dame ou ces enfans... » Le chapitre XVIII (*Abrégé du Livre des Assises*, 2e partie) ne parlait au contraire que de l'amende et était muet sur la mutilation visée par le chapitre XVI. Il semble même en effet que cette peine, si peu en rapport avec la faute commise, ne fut qu'une menace vis-à-vis de l'affranchi, car ce dernier sachant bien que son accusation si grave qu'elle pût être était irrecevable, c'eût été de sa part un acte de démence que de la lancer [1].

Quoi qu'il en soit, le maître et sa famille se trouvaient protégés contre toute accusation de la part de l'affranchi.

Avant de terminer cette partie de notre étude sur la condition et les caractères des affranchis dans le royaume des Latins, une erreur doit être rectifiée à propos de l'intitulé du chapitre XVI dont nous venons de parler : il est le suivant : « Ici orrés quel paine doit paier celui esclaf ou cele esclave qui mete son seignor en plait ». Il ne s'agissait pas ici d'esclaves,

1. *Assises de la Cour des Bourgeois*, ch. XVI, note c.

mais les dispositions de ce texte concernaient au contraire les affranchis [1].

Il nous reste à citer quelques chapitres qui traitent de la condition des affranchis, mais dont les dispositions sont si diverses que pour les examiner il nous faut envisager chaque texte séparément.

Le chapitre CCVIII (*Assises Cour des Bourgeois*) suppose qu'un esclave a été donné en gage par son maître à son créancier. Or ce maître veut affranchir ledit esclave : il ne le peut pas tant que le créancier gagiste n'a pas été payé de sa créance. Toutefois cela n'est vrai que si l'esclave a été mis seul en gage comme sûreté de la dette entière, et cependant même en ce cas il peut être affranchi si le créancier y consent.

Par contre, si le maître de cet affranchi a en même temps que lui mis en gage des choses qui ont plus de valeur que l'esclave, et si ce dernier n'a pas d'une manière expresse été mis en gage pour le tout, il peut être affranchi même si le créancier gagiste ne veut pas y consentir. Cependant si le créancier qui a un esclave en gage tient à le conserver pour assurer le paiement de sa créance, trouvant dans les autres gages des sûretés insuffisantes, l'esclave doit rester entre les mains dudit créancier jusqu'à ce que son maître, le débiteur, ait payé sa dette.

Ce texte correspond bien à l'idée en vertu de laquelle le gage pouvait être non seulement une chose,

1. Cf. ch. XVI précité, *Assises Cour des Bourgeois*, p. 29, note *a*.

mais même une personne vivante remise au créancier par le débiteur : on la prenait parmi les personnes qui dépendaient si étroitement du débiteur qu'elles étaient considérées comme de véritables choses.

Il est intéressant de signaler ce texte qui prouve que l'esclave a par lui-même une valeur intrinsèque, et, qu'en conséquence, il n'était pas toujours facile pour lui d'acquérir la condition d'affranchi.

Si nous nous plaçons à un autre point de vue, au sujet de la condition des affranchis, nous trouvons, au sujet de leur mariage, le chapitre CLVIII du *Livre des Assises de la Cour des Bourgeois* qui le déclare prohibé entre la fille de l'affranchi et le fils du patron : « *Præterea jure gentium vetitum est matrimonium inter liberum et ancillam, et inter filium patroni et filiam liberti...* » Bien que statuant sur un point spécial de cette théorie du mariage entre la famille du patron, d'une part, et celle de l'affranchi, d'autre part, il est bien certain selon nous que ce texte doit avoir une portée plus générale.

Se plaçant au contraire au point de vue du Droit Pénal, le chapitre CCXI (*Livre des Assises de la Cour des Bourgeois*) envisage le cas où un esclave : « fait aucune honte ou aucun damage à aucun home estrangier, et puis il devint Crestien... » il en sera responsable bien qu'il fût esclave quand il commit l'acte qui lui était reproché. Puis le texte examine le cas où l'affranchi ayant commis un vol étant esclave en remettait le produit à son maître qui l'acceptait, bien qu'il en connût la provenance. Si après son affranchissement il était poursuivi pour ce vol, le maître devait rendre l'objet volé et il était responsable du vol comme s'il en était le véritable auteur : quant à l'affranchi, il était à l'abri de toute poursuite. Toutefois, ajoute ce texte en terminant, si, le maître n'ayant pas accepté le produit du vol, l'esclave l'avait conservé et en avait disposé, ce serait cet ancien esclave, aujourd'hui affranchi, qui serait poursuivi.

Cette théorie nous rappelle celle des délits des esclaves en Droit Romain. Ils s'obligeaient civilement par leurs délits, mais la partie lésée ne profitait guère de cette obligation en poursuivant l'auteur du délit, car l'esclave ne pouvait pas figurer en justice tant qu'il était en esclavage. Aussi dès la Loi des XII Tables distinguait-on deux cas :

1° Si le délit avait lieu sur l'ordre du maître, c'était lui qui était obligé *ex delicto* et l'action pouvait directement s'intenter contre lui. Il en était de même s'il avait simplement approuvé l'acte délictueux, comme cela avait lieu dans l'une des dispositions que nous venons de rencontrer dans le chapitre CCXI.

2° Si l'esclave avait agi de son plein gré, la victime pouvait encore poursuivre le maître, mais ce dernier livrait le coupable. Il pouvait toutefois s'en dispenser, en payant à la partie lésée la peine qui était la conséquence du délit [1].

1. Cf. sur ce sujet : Petit, *Droit romain*, p. 489 et 490.

Il nous reste en dernier lieu à examiner un texte des *Bans et Ordonnances des rois de Chypre* qui paraît concerner des affranchis, anciens esclaves agricoles, et non pas domestiques. C'est le n° 31, § 3 (p. 375, *Assises Cour des Bourgeois*), où il est écrit que « ceaus qui s'avouent frangoumates ou esclas franchis, il doivent porter lettres ceelées dou ceau dou visconte ou dou bailly de la contrée en quei il sont, coument il sont frans, à ce que l'on ne les puisse arester. » Il s'agit ici d'une réglementation spéciale aux affranchis de l'île de Chypre [1] ; rien ne nous empêche cependant de donner à ce texte une portée plus générale.

SECTION IV

Perte de l'Affranchissement.

En Droit Romain, à partir du règne de l'empereur Commode, il fut admis que l'affranchi qui s'était montré ingrat vis-à-vis de son ancien maître, et qui avait manqué à l'obligation de l'*obsequium*, au droit que le patron avait au respect et à certains ménagements de la part de l'affranchi, pouvait retomber en esclavage. Commode édicta en effet que, sur la plainte du patron, l'affranchi ingrat pouvait être remis en servitude par une décision du magistrat. Mais ces dispositions admises encore sous Justinien représen-

1. Cf. aussi un autre texte, n° 31, § 2.

taient les règles du Droit Romain le plus récent [1].

Dans le Droit Romain le plus ancien et avant que les dispositions précédentes fussent adoptées, celui qui avait manqué aux devoirs de respect et d'assistance vis-à-vis de son ancien maître, subissait une peine. En cas de négligence simple, elle était légère; mais, si le manquement aux obligations précitées était plus grave, elle le devenait aussi : l'affront ou l'injure conduisait à un exil temporaire, et les violences aux mines.

A l'époque Gallo-Romaine, il était encore admis que l'affranchi qui s'était montré ingrat envers son patron retombait en servitude, et ce droit était si rigoureux que l'affranchi qui osait demander en mariage sa patronne, ou la fille de son patron, était condamné à la peine perpétuelle des mines ou des travaux publics [2].

Sur ce point, notre Ancien Droit Coutumier accordait en général au serf une liberté irrévocable. Toutefois l'affranchi était frappé d'une redevance qu'il devait payer à son seigneur. Si, en effet, il dépendait d'un fief, son affranchissement avait pour effet d'abréger le fief, d'en diminuer la valeur; aussi fallait-il obtenir le consentement du suzerain, qui s'adressait lui-même au seigneur supérieur, jusqu'au roi. Il fallait donc payer une certaine somme à

1. Cf. Petit, *Droit romain*, p. 79 et suiv. (loi Aelia-Sentia) et p. 83; — Wallon, t. II, p. 311 et suiv.
2. Laferrière, t. II, ch. VI, p. 433.

ceux dont le consentement était exigé, sans quoi l'affranchi, l'ancien serf, retombait sous la puissance du seigneur supérieur [1].

Quoi qu'il en soit, les dispositions que nous allons examiner sur le retour à l'esclavage de l'affranchi ingrat se rapprocheront surtout de celles admises par le Droit Romain en cette matière.

Le texte, qui contient l'essence même de cette théorie, est le chapitre CCV du *Livre des Assises de la Cour des Bourgeois*. Il a pour intitulé : « *Ici orrés la raison par quantes choses retorne le serf ou la serve en servage arieres, puisqu'il a été fait Crestien* ». Ce texte aborde aussitôt le sujet que nous examinons : « S'il avient que aucun home batié... si font *aucun outrage* à leur seignor, ou à leur dames, ou à leur anfans, deivent estre tornés arieres en servage ; si com est se le batié ou la batiée *menassa de batre ou d'ocirre son seignor, ou sa dame, ou ces enfans ; ou c'il li fist grant honte, si com est, ce il le fery ; ou c'il fist grant damage à son seignor, ou à sa dame, ou à ces anfans, ou aucun autre mau...* » et il expose quelles sont les raisons qui peuvent faire retomber l'affranchi en esclavage. Il ne fallait pas que celui-ci eût manqué à l'obligation du respect, de l'*obsequium* romain, qu'il était à son ancien maître, à sa famille ou à ses enfants, c'est-à-dire

1. Beaune, *op. cit.* (cf. bibliographie), p. 271 et suiv. ; — Cf. aussi ch. CCV précité, note *a*.

qu'il ne devait pas les frapper, ni leur causer aucun préjudice [1].

Si l'affranchi ne respecte pas ces obligations : « La raison comande et juge que celui ou cele batiée qui feret contre son seignor, ou contre sa dame, ou contre ces anfans, nules de ces choses qui sont dites desus, il *redevient serf, tant come ces sires ou sa dame vora à son servise, mais non mie qu'il le puisse vendre...* »

Cependant il faut remarquer que ce retour à l'esclavage de l'affranchi ingrat n'était pas perpétuel mais temporaire, puisque son ancien maître ou sa dame pouvait le retenir en captivité : « *Tant come ces sires ou sa dame vora...* » De plus ce retour à la servitude était soumis à une restriction importante, puisque le texte dit que l'ancien maître n'aurait pas le droit de vendre son affranchi retombé en esclavage, « *mais non mie qu'il le puisse vendre...* »

Toutes les obligations auxquelles l'affranchi était tenu vis-à-vis de son ancien maître étaient soumises à une seconde restriction qui ressort de la fin du même chapitre CCV (*Livre des Assises de la Cour des Bourgeois*). « *Et bien sachés qu'en toutes ces raisons que hon vos ai dites dou serf et de la serve, si det aver garenties qui preuvent se que le serf ou la serve aura fait, se il se voleit desdire de ce qu'il avereit fait*

1. Cf. Digeste, livre XXXVII, titre XIV : *De jure patronatus*, loi 5 ; — Cf. aussi la *Constitution* de l'empereur Commode au *Digeste*, livre XXV, titre 3, loi 6, § 1.

contre son seignor, ou contre sa dame, ou contre ses anfans, car sans deus garens, puis c'on née la chose, ne peut-on juger la vérités. » Il pouvait arriver que l'affranchi, contre qui était lancée une accusation susceptible d'entraîner son retour à l'esclavage, pût se défendre et nier le fait qui lui était reproché. Il en avait le droit, et nulle sanction ne pouvait être prononcée contre lui, à moins que deux témoins n'eussent confirmé la véracité des faits qui lui étaient opposés.

Terminons ce sujet en observant une disposition que contient le chapitre que nous étudions et qui examine une des conséquences de ce retour à l'esclavage.

Il s'agit du cas où un affranchi a eu un enfant pendant le temps durant lequel l'affranchi a joui de la liberté, ou bien la « *batiéé* » « *soit groce* »[1], pendant ce laps de temps, « *et le batié ou la batiéé retorne en arrières en servelé par sa malefaite...* » Quelle va être la condition de cet enfant né ou conçu pendant l'affranchissement ? Notre texte déclare : « Ce seluy ou cil a eu enfans, tant coume il estet frans, ou que elle soit groce, que ceaus anfans ne deivent pas estre sers, ains deivent estre auci bien frans come c'il fucent nés d'une franche feme ; car la malefaite dou pere ou de la mere ne deit tenir damage à celuy qui est encores à naistre, ou qui est nés... » L'enfant

1. Il faut remarquer que c'est la « batiée » ingrate qui est grosse et non la femme du batié.

né ou conçu pendant le temps durant lequel l'affranchi a joui de la liberté était donc libre, « frans », car, et c'est la raison que nous donne le texte, la faute du père ou de la mère qui avait amené le retour à l'esclavage ne devait pas retomber sur sa tête [1].

Une note de Beugnot au chapitre xxv du Livre de Ph. de Novarre (note *a*) nous dit aussi qu'en Chypre, quand un esclave agricole ou parico passait dans la classe des affranchis ou lefteri, ses enfants nés après l'affranchissement étaient libres et ceux nés auparavant étaient esclaves.

Ceci nous prouve que le criterium à admettre sur ce point consiste dans le fait de savoir à quel moment l'enfant était né ou à quelle époque il avait été conçu. Si l'un de ces événements se plaçait pendant la durée de l'affranchissement, l'enfant était libre, même si le père ou la mère retombait plus tard en esclavage.

Avec cet exposé, se terminent les observations que nous avions à présenter sur l'affranchissement et les affranchis. Nous avons ainsi étudié toutes les diverses classes inférieures d'après les textes des *Assises de Jérusalem*.

1. Cf. et comparer Beaumanoir, t. II des *Coutumes de Beauvaisis*, ch. XLV, p. 229, n°s 1441 et 1442.

CONCLUSION

Nous sommes au terme de notre étude.

Nous venons d'étudier, aussi scrupuleusement que possible, les classes inférieures dans le royaume des Latins, d'après les *Assises de Jérusalem*, et nous avons pu voir jusqu'à quel point leur composition était variée. Il est intéressant de remarquer combien les textes cités précédemment prenaient soin de préciser certains caractères particuliers à ces classes, et combien aussi certains sujets étaient développés avec une remarquable netteté.

C'est ainsi qu'après avoir exposé quelle était la composition de la population latine en général et dans ses rapports avec les peuples conquis, nous avons abordé l'examen des classes inférieures, mais libres, celles des bourgeois, des roturiers et des serviteurs libres.

Envisageant tout d'abord la question de savoir quelle pouvait être la nature de la classe bourgeoise comparée à celle de la noblesse, nous avons dit qu'elle semblait formée d'éléments très divers. Il y aurait eu une bourgeoisie privilégiée, et au-dessous de celle-ci une classe en quelque sorte inférieure et populaire, en tant que ne participant pas aux privilèges énumérés précédemment en traitant ce sujet.

Nous avons ensuite essayé de prouver que, de même qu'il existait une classe bourgeoise composée des habitants libres des villes, la population latine devait comprendre aussi des habitants libres des campagnes, auxquels notre Ancien Droit avait donné le nom de roturiers. Mais il a fallu remarquer sur ce point la différence que ces derniers présentaient avec ceux du royaume latin et qui consistait en ce que la tenure roturière ou censive semble ne pas y avoir été appliquée avec les mêmes règles que celles qui permettaient de la caractériser dans notre Ancien Droit.

Nous avons montré enfin que si les Latins avaient conservé l'esclavage domestique et agricole tel qu'il existait quand ils s'emparèrent de la Terre Sainte, nous avons trouvé dans les textes des règles qui s'appliquaient à des serviteurs qui s'étaient gagés librement et à terme aux nobles et aux bourgeois. Ce fait indique qu'il y a eu sur ce point une certaine influence des règles nouvelles qui avaient dû présider en Europe au remplacement de la domesticité esclave par la domesticité libre.

Puis est venue l'étude des classes serviles. Examinant en premier lieu les classes agricoles, il a été facile de prouver que la condition de ceux qui en faisaient partie était celle des esclaves agricoles et non celle des serfs de notre ancien droit. Nous avons fait observer toutefois que certains textes semblaient considérer les serfs du royaume des Latins en leur appliquant des idées qui étaient celles de notre Ancien Droit Féodal, mais les plus dures que ce droit imposait à cette époque aux serfs de notre ancienne France.

Quant aux vilains, les Assises les envisagent presque toujours comme des esclaves agricoles, ce qui les différencie de ceux de notre Ancien Droit, celui-ci le sconsidérant comme des habitants libres des campagnes et des tenanciers de tenures roturières.

En ce qui concerne les esclaves domestiques, les caractères qui précisaient leur condition étaient le plus souvent inspirés par les principes du Droit Romain : aussi étaient-ils régis par des règles très strictes et très dures. Par contre, à l'époque à laquelle nous nous plaçons en étudiant le droit des Assises, l'esclavage domestique n'existait plus, pour ainsi dire, en France, bien que, comme nous l'avons vu, certains auteurs affirment qu'il se rencontrait encore dans quelques régions de notre pays.

Il était également naturel de penser que l'adoption de l'esclavage devait amener le développement progressif des affranchissements : aussi avons-nous consacré de nombreuses pages à l'étude de cette question, ce qui a permis de remarquer le rapprochement qui existait entre la condition de cette classe et celle des affranchis du Droit Romain.

Nous espérons donc avoir essayé de donner dans cette étude un tableau assez fidèle de la composition et de la condition des classes inférieures dans le royaume des Latins d'après les *Assises de Jérusalem.* Ces recherches permettront d'établir les différences et les ressemblances qui existaient entre la condition de ces classes inférieures dans notre Ancien Droit et dans celui des Assises.

En relisant ce travail, en revoyant ces vieux textes souvent obscurs, il est permis de songer à Horace qui, devant un arbre coupé, à peine équarri et destiné à être façonné, s'était demandé : sera-t-il « dieu, table ou cuvette » ? Espérons qu'il sera « table », c'est-à-dire qu'il constituera une source où certains renseignements utiles pourront être puisés pour établir un parallèle entre le droit des classes inférieures dans le royaume des Latins et dans notre Ancien Droit, à l'époque à laquelle se place l'étude que nous achevons.

Vu :
Le Président de la Thèse,
G. TESTAUD.

Vu :
Le Doyen,
F. SURVILLE.

VU ET PERMIS D'IMPRIMER :
Le Recteur,
J. CAVALIER.

TABLE DES MATIÈRES

CHAPITRE IV

DES SERVITEURS.

CHAPITRE V

ESCLAVES AGRICOLES. SERFS ET VILAINS.

CHAPITRE VI

DES ESCLAVES DOMESTIQUES.

CHAPITRE VII

DES AFFRANCHIS.

Poitiers. — Société française d'Imprimerie.

www.ingramcontent.com/pod-product-compliance
Ingram Content Group UK Ltd.
Pitfield, Milton Keynes, MK11 3LW, UK
UKHW012033240726
13965UKWH00002B/768

9 782013 064897